俺は、俺。
自分の可能性は
自分だけのもの。

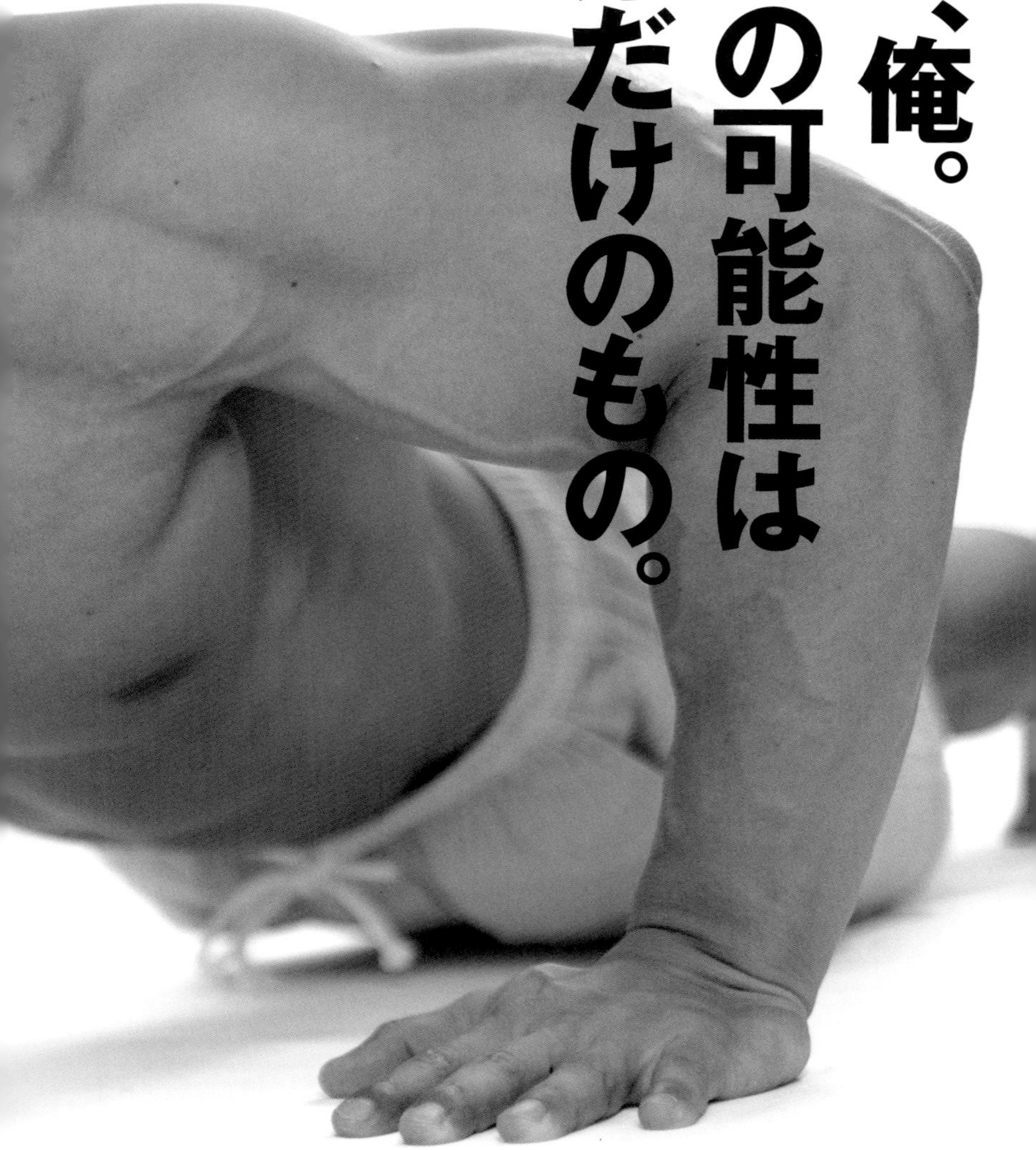

FITNESS

ペックフライ
WLIN
E B B I

IVANKO
12kg

「才能」は
誰にでも必ずある。
見つけられるのは、
自分を信じて
誰よりも努力をした
ヤツだけ。

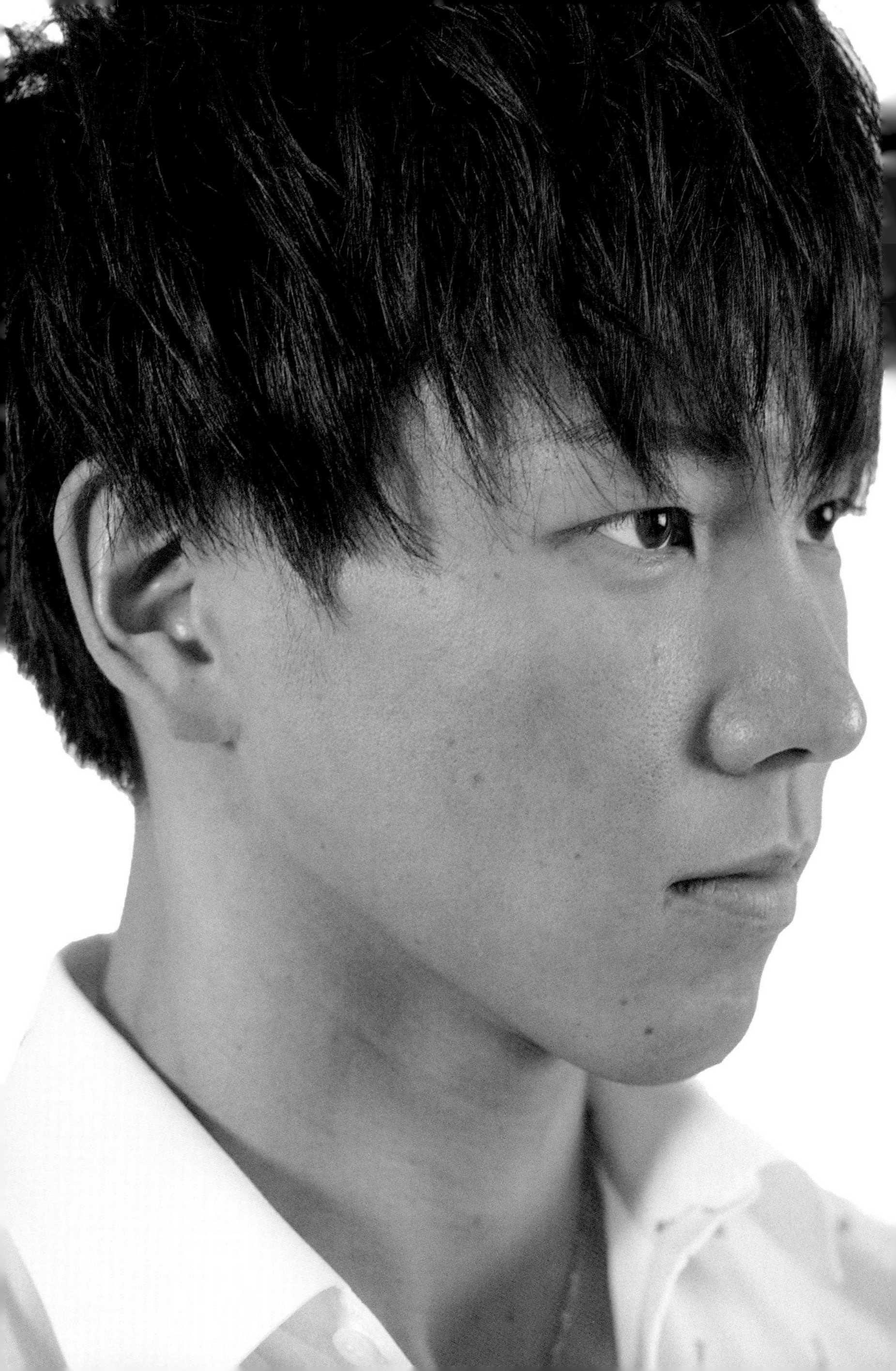

王者の突破力

The Breakthrough Power of the King

Naotaka Yokokawa
横川尚隆

KADOKAWA

はじめに

こんにちは。ボディビルダーの横川尚隆です。
まずは、本を手にとってくださり、ありがとうございます。

皆さんは今、どうしてこの本に興味をもってくださったのでしょうか。テレビで僕を見たことがあるから。以前から、ボディビルダーとしての活動を知っていたから。書店などで見かけて、なんとなく気になったという方もいるかもしれませんよね。
ずっと応援してくださっている方も、お久しぶりの方も、初めましての方も、誌面を通してこうしてお会いできたことをとても嬉しく思っています。

簡単に自己紹介をしてから、この本に込めた想いをお伝えします。

僕は、2014年に「フィジーク」というフィットネス競技に初めて出場しました。翌年、階級別の1位を獲り、2016年からは「ボディビル」に競技を替え、約4年の月日を経てJBBFという日本ボディビル・フィットネス連盟における無差別級の日本一となりました。

そして、翌年2月にIFBBという国際ボディビル・フィットネス連盟が定める「エリートプロ」に転向。2020年11月現在、日本人で唯一のエリートプロ選手です。

ボディビルの競技人口は決して少なくはないのですが、残念ながら一般的なスポーツではないため、詳しい人はあまりいません。そのため本のなかで競技について話をするときは、必要の範囲内で補足説明を入れていきます。だからわからなくても、大丈夫。

ひとまず、ここで言っておくべきことは「ボディビルとは、誰でも簡単に、やればすぐに結果を出せる競技ではない」ということです。

しかし、僕はたった数年のうちに日本一の座に就きました。誰もが到底無理だと思い込んでいた「最速でボディビル王者になる」という夢を成し遂げたのです。

ボディビル歴5年目という若輩者が、どうして今こうして本を出版できているのかという理由も、ここにあると思います。

僕はこれまで、自分自身を信じ抜くことで多くの人にとっての常識や当たり前を打ち破り、夢を現実のものとしてきました。

すべて思いどおりに、うまく進んだわけではありません。失敗もたくさんしたし、もちろん挫折も味わいました。だけど、壁にぶち当たって立ち止まる度に、心を奮い立たせて弱い自分に打ち克ってきたのです。


実際にどのような経験をしたのか。失敗をどのようにとらえて乗り越えたのか。

そこから養った僕の成功思考術を一冊にまとめたのが、この本です。

今、夢を追いかけている人。

夢の途中で躓《つまず》いて、立ち止まったままの人。

挑戦したいことがあるけれど、一歩がなかなか踏み出せない人。

まわりの視線や反応が気になって、あるがままに生きられない人。

そんな皆さんの後押し的な存在になれたら、と僕なりの応援メッセージを詰め込みました。

「夢なんてない」という人もたくさんいると思います。もしかしたら、夢なんて要らないと思っている人もいるかもしれません。でも、そんな人にこそ読んでほしい。

なぜなら、僕自身がボディビルと出合うまでは夢も目標もない人間だったから。

ボディビルと出合って自分のなかに眠る才能に気づき、人生そのものが大きく動き出したからです。

夢をもつことの大切さ、夢という存在そのものの力強さ、夢を叶えるためのエネルギーの大きさ、夢を叶えた達成感とその先で待っている世界のきらびやかさ。

それまで何ももっていなかった僕だけど「夢を追いかける」というたったそれだけのことで、本当にたくさんの気づきを得ることができました。そのなかで、僕が気づいた一番大きなことは、「夢を追うことは生きること」だということです。

もちろん夢を見つけるって、そんなに簡単なことではありません。すぐ見つかる人もいると思うけど、そうじゃない場合も多いです。それでも夢をもとうとする努力、アンテナを張り巡らせる意識のスイッチを押すキッカケになれたら、最高に嬉しい。

だから、僕はこの本をあなたに届けようと心に決めたのです。

併せて、僕が伝えたいことがもう一つ。

人生を語るなんてまだ早いと言われるかもしれないけど、26年間を振り返ったとき、僕には「無駄だった」と感じた時間は一つもありません。


なぜなら、いいことも悪いことも全部、自分にとっては必要なことだと思うから。

そう思えるのは、すべての経験は未来に活きると思って生きているからです。

人生の8割は苦しいこと、残りの2割が楽しければそれでいい。

そんなふうに考えている人も多いようですが、僕はそうは思いません。

実際、楽しいことより苦しいことのほうが多かったとしても、解釈次第でどうにでもなると思うからです。

だって苦しいことの結果として楽しいことが生まれるのなら、その苦しさは楽しさの一環じゃないですか。だから、僕の人生は10割楽しい。

幸せの割合を変えるのは、ほかでもない自分自身だということに、もっとたくさんの人に気づいてほしいのです。

僕はまだ20代半ば。人生の先輩たちと比べたら、まだまだ経験していないこともたくさんあると思います。だけど、多くの人が経験していないことを経験してきているのも確かです。

少し先の未来さえ、どうなっていくのかわからなくなっている今の時代。いいことも悪いことも、何が引き金になるのか予想できません。これまでの常識なんて、どんどん通用しなくなっていくはずです。

だからこそ、いわゆる世間の、一般的な、常識の枠から外れたところで生きてきた僕の経験値や思考回路が、何かしらの生き抜くヒントとなるかもしれない。

そんな想いも込めています。

最速で王者にたどり着いた裏で、僕という一人の人間が、何を感じて何を考えて、何を行動に移してきたのか。そもそも、どうして最速であることにこだわるのか。心のすべてをここに、記します。

思ったより、長くなりました。では、始めます。

楽しんで読んでいただけますように。

CONTENTS

第2章 王者の原点

世界で一番大切な人。いつも側で見守り続けてくれる母ちゃんの存在。

81

徹底して努力する兄の姿と、尊敬すべき2人のカリスマ。

84

注目を集めたボディビル転向も、初戦でまさかの大失敗。諦めの選択が頭をよぎった。

88

挫折は経験するものだから失敗しないことよりも、そこから立ち上がれることが重要。

93

トレーニングにはメリットだけを追求している。怪我を恐れて回避はしない。

96

「最速」にこだわる理由。無理というのは、他人の価値。自分にできることは、自分にしかわからない。

99

僕の通常は、みんなの異常。ボディビル転向直後に受けた〝ジュラシック〟の衝撃。

102

習慣化のコツは強い気持ち＋身近に感じる環境設定にある。

106

トレーニングの質と量。誰よりも早く成長したいからどちらも追求していく。

109

第3章 王者の軌跡

第4章 王者のメンタル

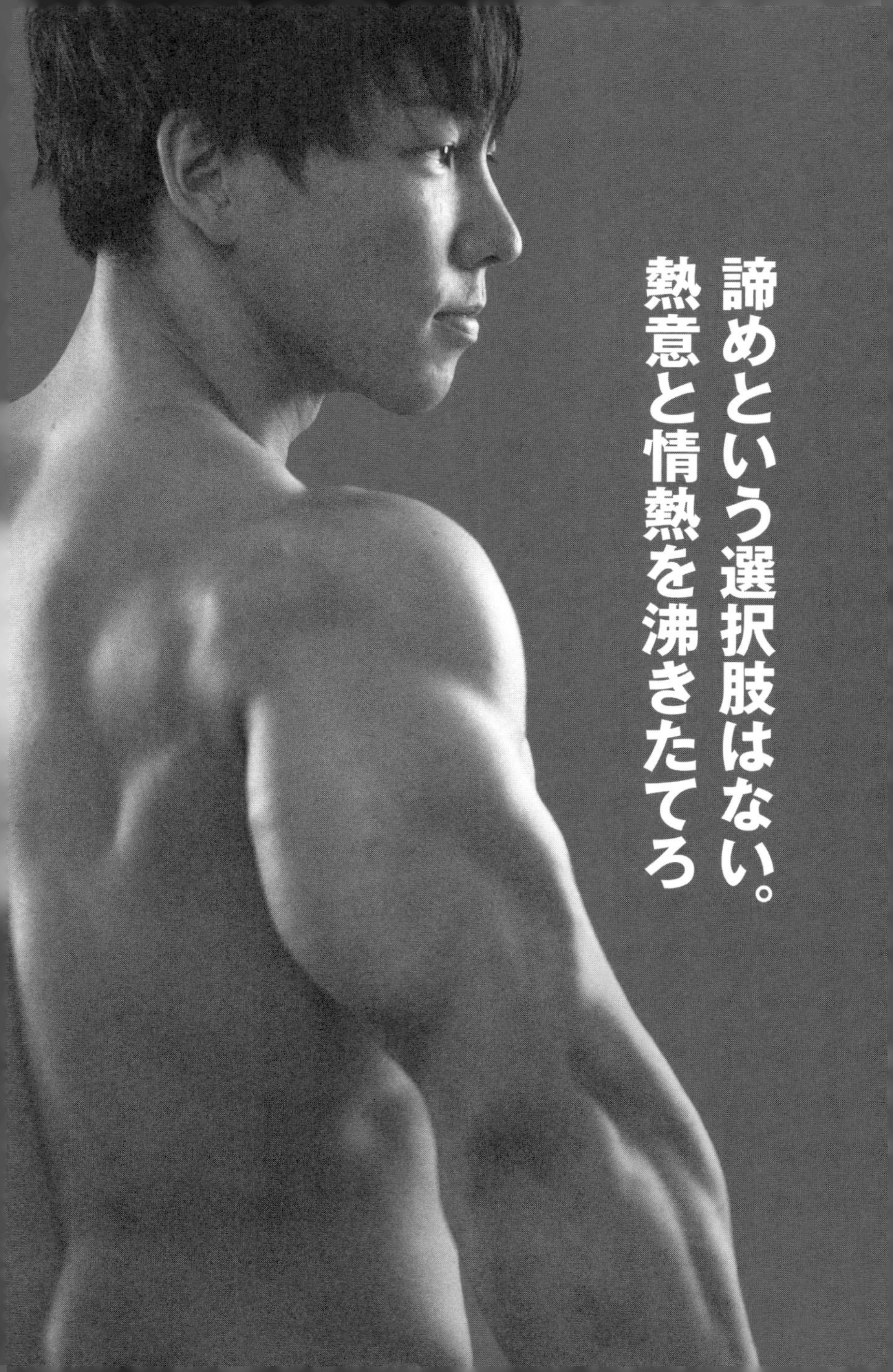
諦めという選択肢はない。
熱意と情熱を沸きたてろ

第1章
王者の突破力

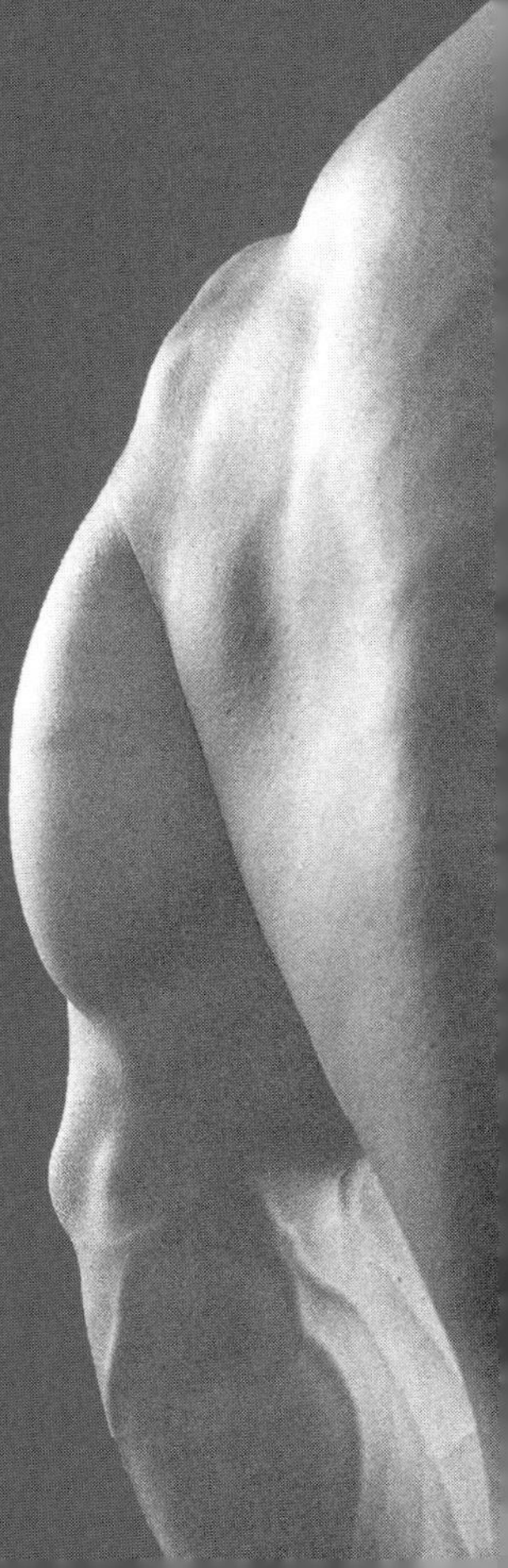

努力なしに王者にはなれない。でも、努力をしたからといって必ずなれるものでもない。

ボディビルは、とてもシンプルな競技です。筋肉を極限まで大きく成長させて、脂肪を極限まで削ぎ落とす。やるべきことはこの二つだけ。ただ筋肉を大きく成長させるためには、一般的に「長い年月」が必要だと言われています。体を思うように作り上げるためには、理論をひと通り把握した上で自分の体をよく理解し、二つを照らし合わせながらどのように実践していくのか、繊細にコントロールしていく必要があるからです。そのためには知識だけでなく積み重ねが必要で、つまり、競技者としてのキャリアがものをいう世界であるということなのです。

でも、僕はボディビルを始めて4年目のときに日本一になりました。

王者となってからいろいろな場面で「なぜ」「どうして」「どうやって」と、たくさんの人から何度も質問を受けました。誰もが、ボディビルのコンテストで勝つためには絶対に時間が必要と信じ込んでいる。だから、僕のように若くて経験値も低い新参者がトップに立つだなんて信じられない！ といった様子でした。

何か特別なことをしたんじゃないか。そんなふうに思っていた人もいるかもしれません。もしも、**僕が王者になるために「何か特別なこと」をしていたのだとしたら、それは「圧倒的な努力」**です。

絶対に日本一になる。

心の奥底から自分を信じて、トレーニングや食事などやるべきことを今日一日、明日一日……毎日ずっと、もれなくみっちりやり遂げる。大会当日ステージに立つそのときまで、ボディビルのためだけに生き続ける。生活におけるあらゆる瞬間を1位になるために捧げ続けました。仕事を辞め、週6回ジムに通って毎回限界を超える内容のトレーニングに取り組み、食事から「楽しみ」や「喜び」の概念を取り払った3時間おきの「栄養摂取」に励み、空いた時間は休養にあてる。育てた筋肉を少しでも維持するために生活における行動から筋肉を削る可能性のある「走る」などの有酸素運動を捨てる。体づくりに集中するために友人関係も恋愛事情も、それまでと大きく変えました。

誰かと比較して、あるいは誰かに言われてそうしたわけではありません。日本一という夢を叶えるために必要だと判断したから、そうしました。それが結果的に周囲の努力を圧倒するほどの努力だった、というだけ。

言い切れるのは2019年の「JBBF日本男子ボディビル選手権」の最後、僕が表彰台の真ん中に呼ばれたという事実が残っているからです。

ただ、この本を読んでくださる皆さんに嘘はつきたくない。なので、あえてハッキリ書きますが、努力さえすれば誰でも王者になれるわけではありません。特にボディビルに関しては生まれもった才能によるところが大きい。だから正しくは、**僕にはボディビルの才能があり、その上で誰よりも努力したから開花した**のです。

「才能」は誰にでも必ずある。見つけられるのは、自分を信じて誰よりも努力したヤツだけ。

ボディビルの才能？　と思いますよね。一つは「体つき」という素質です。

例えば、骨格。肋骨《ろっこつ》と骨盤の距離によってウエストのくびれの出方が変わります。脚の筋肉を同じくらい太くしても、足首が太い人と細い人とで比べるとメリハリが変わります。

それから、筋肉のつき方。長さや大きさ、かたち、ラインの出方など、すべてにおいて体つきというのは、人それぞれ。そもそも筋肉が成長しやすい人もいれば、同じことをしてもなかなか成長しない人もいるわけです。

ボディビル競技とは、極限まで鍛え上げた体の美しさを競うものです。でも、その審査は「審査員」という「人」の「目」で、出場選手同士を「比較」して行われます。一般的なスポーツのように〈ゴールしたら何点〉とか〈技を失敗したら何点減点〉とか、明確な審査基準は実はないのです。

じゃあ、審査員たちは選手の何を見て比較しているのかというと、筋肉そのものの大きさ（バルク）や筋肉の境目のライン（セパレーション）、筋発達と合わせて体脂肪をしっかりオフすることで見えてくるスジ感（ストリエーション）、そして体全体を見たときのバランスを総合的に見ています。

……といろいろあるのですが、最終的に判断するのは「人」の「目」なんです。もしも優劣をつけがたい2人がステージに残ったとしたら、これまでの経歴やストーリーに左右されてしまう可能性がある。だからこそ、キャリアの浅い僕が勝つには、誰の目から見ても明らかな最強の体に仕上げる必要がありました。

これらを踏まえてもう一度お伝えすると、**僕には骨格的にも筋肉のつき方的にも成長のしやすさ的にも、ボディビル競技で勝つための強い素質があった**のです。

実際、学生時代に思いつきの暇つぶし程度にトレーニングを始めたときからまわりの人よりも筋肉がつきやすいという実感がありました。

それと、自分としては普通にやっているだけで、無理をしているという感覚はまったくないけれど、まわりの人の目には「やりすぎ」に映るということにも気づきました。でも、そこに辛いという感情は少しもありませんでした。

野球も辛かった。格闘技も辛かった。でも、トレーニングだけはどんなにやっても辛くなかった。単純にトレーニングが好きで、好きだから平然と毎日繰り返すことができたのです。

そして、僕は好きなことに限ってはとんでもない負けず嫌いという性格の持ち主です。これですべての要素が出揃いました。

体つきという素質。トレーニングとの相性。一番にならないと気が済まない性格。この3つが、僕が考えるボディビルの才能です。

才能という言葉を使うと、多くの人は「素質」と捉えます。だけど、素質だけでは勝てません。**大切なのは素質を生かして、磨いて、伸ばすために誰よりも努力を積めること。そして、その努力を努力と感じないくらいに深く「好き」だと自然に思える**

心だと思っています。

このような話をすると「自分には才能がある、と断言できることがすごい」と言われるのですが、そうじゃないんです。**僕という人間が特別なのではなくて、才能は誰にでも必ずあるんです。それを見つけられるかどうか**、なんです。

どうやったら見つけられるの？　と聞かれたら、それは人によっていろいろあると思いますが、僕から言えるのは、普通の努力では何も変わらないってこと。

わかりやすい才能もあれば、隠れた才能もあります。わかりやすい才能の持ち主だったら、今ここで「どうやったら見つけられるの？」とは思わないはず。なので、隠れた才能を見つけるヒント……になるかはわかりませんが、僕はいつも「壁の世界」をイメージしています。

【ここは100枚の壁を突破したら1位になれる世界。だけど自分が今、何枚壁を壊しているかは、教えてもらえません。

結構な時間をかけて、随分とたくさんの壁を壊してきたけれど、目の前にはまだ壁がある。だけど、もしかしたら、今90枚までできているのかもしれない。残りたった10枚で、1位になれる。だったら、このタイミングでやめてしまうのはもったいない。自分は必ず100枚目までたどり着く。このまま目の前に現れる壁を突き破り続けて、1位を必ずかっさらおう】

普通の努力を抜け出して卓越した努力に昇華するとき、力になるのは自分を信じる心だと思っています。

実際、ボディビルで日本一を獲るために費やした4年の間、僕はずっと自分が日本ボディビル界のトップに立つことを「本当になれるかな」「いつかなりたいな」ではなく「絶対になる」「最速でなる」と信じ続けました。

全員が「無理だ」と言って笑っても、自分の可能性を信じて誰よりも努力し続けることができる。結局は、そういうヤツこそが自分の才能に気づけるし、どんな壁が立ちはだかっても突破する力をもつヤツなんだと、僕は思います。

自分に自信をもつためには「やるべきこと」をやり抜くしかない。

大会当日の僕は、自分自身を100％信じ切っています。この日のためにやるべきことをすべてやり尽くしてきた、という事実があるからです。

例えばバックステージでほかの出場者たちの体の仕上がりが気になるというようなこともありませんし、ステージ上でのパフォーマンスを自分らしく思いっきり楽しむことができています。

僕は、根っからの自信家ではありません。むしろかなりの心配性です。過去には、「負けたらどうしよう」とか、そんなことばかり考えていた時期もありました。でも、だからこそ週6回、1回あたり2～3時間。1セット目からすべて出し切り潰れる覚悟のトレーニングを続けたし、食事は一日5回に分けて、内容は毎日同じ。朝はごはんと卵3つと魚ひと切れ、昼はごはんとローストビーフ200g、夜はごはんもしくはパンと鶏ムネ肉200gで、食間にプロテイン。家に帰ってからは体をしっかり休めるといったボディビルだけにすべてをかけた生活をしてきたんです。

決めたことを一つ一つをやり抜くことで、僕のなかにある心配や不安が少しずつ自信に変わっていく。そんなふうにも考えています。

自分に自信がもてないと嘆く人は多いけど、それは、やるべきことをもれなくやっていないから。

やるべきことをやっていなければ、自分のなかに信じるものがありませんよね。信じるものがないのだから、自信がもてなくて当然です。

そう考えるのは、僕自身、ボディビル初戦となった2016年の東京ボディビル選手権がそうだったから。

プロフィールなどでは割愛されることが多いけど、予選落ちに終わっています。調整を読み誤り、本来やるべき減量過程を踏まずに当日を迎えました。あの時の自分には、自信など1ミリもありませんでした。でも、この経験があったからこそ後に出場した大会にはすべて自信をもってステージに立つことができたと思っています。

ただ、日本チャンピオンになる前年、2位に終わった2018年の男子日本ボディビル選手権も自分一人の力でできることはすべてやったし、自信もありました。だけど、負けた。それはほかの何でもなく、僕自身の力不足と視野の狭さが引き起こした結果です。やるべきことは、もっとあったんです。

この年は「自分で決めて自分でやる」ことの限界を知りました。

もっと強度を高めたい。もっと筋肉を増やしたい。筋肉そのものになりたい。

大会が終わった瞬間、悔しさに押し潰されそうになりながらも、リベンジに向けてトレーナーさんに週6でサポートをお願いすることをすぐに決めました。

夢をつかもうとするとき、ものをいうのは決断力。手段に固執する必要はない。

自分一人の力の限界を知り、2位という最後の壁を突破するためには「自分以外の誰か」の力が必要だと感じた瞬間から、僕のなかではお願いするのは武井郁耶さんしかいないと思っていました。武井さんはフリーランスのパーソナルトレーナーで、僕がボディビルに転向する前のフィジーク時代から続くジム仲間の一人です。

2018年の春、武井さんがトレーナーとして活動を始めたときから、すでに腕まわりのトレーニングを見てもらっていました。

友人としてすごく気が合うし、体に関する知識、トレーニングの経験、理想のかたちに近づけるためのテクニック、どれをとっても素晴らしく、指導における相性もよかった。実際、見てもらうようになってから、腕がどんどん変わっていったので、ほかの誰かに目を向ける理由なんてありませんでした。

日本一に向けて二人三脚で歩んでほしいとお願いをして、本当にたくさんの無理をきいてくださり週6回、ともに夢をつかみにいくための一年間が始まりました。

「一人でやってきて2位までできたのに、ここで他人に頼ることに不安はないのか」と、聞かれることもありました。男子ボディビルのトップ選手たちは、トレーナーをつけないのが普通です。理由はわかりませんが、ほとんどの選手がトレーナー業に就いていることが大きいと思います。しかも、僕の場合は週6回ですから、余計にそう思うのかもしれません。

続けてきたやり方を変えることに不安を感じる気持ちもわからなくはない。だけど、そもそもの前提として自分一人でできることを完全にやり切った状態で負けたのだから、根本の部分、つまり「自分一人でやる」というやり方そのものを変えなければ、未来は変えられないじゃないですか。

僕が目指しているのは、優勝です。夢を叶えるために、自分でやる以外の有効な手段があるのなら切り替えるのは至極当然なこと。そこで変に固執していたら、最速で王者になんてなれるわけはないと思います。

だけど最終的に決断できたのは、それがほかでもない武井さんだったから。

どんなに人気がある人でも、たとえものすごい経歴のある人が指導を申し出てくれたとしても、僕が、心から信頼できる相手でなければ、トレーナーとしてお願いすることはできません。

武井さんがいてくれて本当によかったと、今でも感謝の気持ちでいっぱいです。

「信頼」を伴う関係は互いに相手を想いやるところに自然と生まれるもの。

信頼という言葉が出ましたが、僕は人に心を開くことがなかなかできません。だから、よほど親しい仲でない限り、本音で話すこともできません。誰かと心の距離を縮めるのに、ものすごく時間がかかるんです。

その点、武井さんは何年も前から知っているし、トレーニングやボディビルだけでなくいろいろな話をして価値観を共有してきた仲の良い友人の一人だったので、パーソナルトレーニングを依頼したときには、もう心を開ける存在になっていました。

だから、ボディビル日本一にかける想いや誰にも言っていなかった夢の話もすべてして、どうか力を貸して欲しいとお願いをしました。

僕は、武井さんのことをトレーナーとしても、人としても尊敬をしています。トレーニングにはいろいろな考え方ややり方があって、何が一番いいのかっていうのは本当に人それぞれです。そのなかで、武井さんは僕が望むもの——最後のわずかな力まですべて出し切り、それでいて実際に体が大きく成長する方法——を、知識と経験を掛け合わせた上でバツグンの構成力で、バッチリ用意してくれます。

具体的には高重量のフリーウエイトを中心にメニューを組んで、その上で僕が限界に近づく絶妙なタイミングで完璧な塩梅の補助を入れる。それにより、ほんの少しだけ残っている力を、メーターが完全にゼロを指すまで出し切らせてくれるんです。その洞察力とサポート力は、感動レベル。

数時間のトレーニングの間に徐々にギアを上げていくのではなく、一番はじめの1セット目の最初の挙上からトレーニングが終わる最後の1レップまでぶっ通しで全力を出します。危険と隣り合わせ、と言っても過言ではないほどの超ハードな内容です。トレーナーとして誰に対してもできるものではなかったはず。それでも僕の決意を受け取り、僕の体のポテンシャルに光を見出し、ともに歩むことを決意してくださった。そんな男気も本当にカッコいい。

仕事以外の場面でもいつも優しくて、何より人の気持ちを思いやることができる人。悩んでも不平不満は口にしないし、例えば誰かを悪く言うこともない。ネガティブな言葉を一切、吐かないんです。人柄がとにかく素晴らしい。

そんな方にたくさんの時間と力をお借りしているのだから、指摘されたことは絶対に一発で把握するように意識していたし、受けた指示には絶対に不足のないように返していきました。それらは信頼を伝える目的でしていたことではないけれど、結果的に武井さんに対する真っ直ぐな想いの証になっていたのかもしれません。

ぶっちゃけ、わかるじゃないですか。一緒にいて、相手が自分をどう思っているのか。大切にしてくれているのも、なんとも思っていないのも、適当にあしらっているのも。**気持ちは全部、ふとした表情や行動に出てしまうもの**だから。

武井さんと僕は、互いに相手の想いに応えようとし合っていたからこそ、自然と信頼関係が築けたのだと思います。

夢を叶える原動力は支えてくれる人への感謝と負けず嫌いの二つの心。

そもそも人に興味がないので、誰にどんなことを言われてもなんとも思わない性格です。何をするにも、自分がどうしたいかだけを考えています。

だけど、武井さんのように僕が日本一になるために自分の時間を費やして支えてくれる人に対しては、別。どんなときでもその存在を絶対に忘れませんし、**自分という人間にかかわってくださる全員に対して感謝の心**をもっています。

一緒に住み、僕の毎日を支え続けてくれる母ちゃんはもちろんのこと、ジムや街などで声をかけてくださる方、SNSでコメントをくださる方。やはり、応援をしてもらうと嬉しいというか、パワーが湧《わ》き出てくるんです。

負けられないという気持ちが一層強くなるし、トレーニングに対するやる気ももっと出てくる。想いに応えるために「絶対に1位にならなければいけない」と、自分に対してより厳しくなれるような感じがします。

お伝えしたように僕は自分がコレと決めたものに限っては相当な負けず嫌いです。自分が一番じゃないことが許せない。自分より上に人がいることが、とにかく嫌。

それでも夢を追いかける途中の道では、何度も躓《つまず》きました。思うように結果を出せない自分が情けなくて、大会会場からそのままジムに行ってしまうほどの悔しい日もありました。その悔しい思いもまた、僕を動かす大きな力です。

感謝の心と負けず嫌いの心。二つの心が合わさって、僕は夢だけを真っ直ぐに追い求めることができた。

だから、**日本一になることは、自分の夢であると同時にみんなへの恩返し**だったんです。

ちょっと細かい話ですが、その時々で目指すものを、僕は「目標」ではなく「夢」と呼びたいと思っています。目標って言うとちょっと軽いというか、ほんのちょっとの努力で手が届いてしまうような……。実際にはそんなことはないのかもしれないけど、僕にはそんな感じがするんです。

夢という言葉には、もっと壮大なイメージがあります。人生のすべてをかけてようやくたどり着ける場所、のような。実際に僕は一年間、人生のすべてをかけて日本一の称号を手に入れました。だから、あえて夢と言いたい。

しかも、ボディビル日本一は、僕が抱いた初めての夢。だからこそ、より強い想いをもつことができたのかもしれません。

プレッシャーや緊張は「挑戦」の証。喜んで受け入れればいい。

優勝はみんなへの恩返し。そう定めたのは自分自身です。だからまわりからのプレッシャーに押し潰されそうになるとか、大会が近づくにつれてナーバスになるとか、そういったことは一切、現在の僕にはありません。

というか、**プレッシャーが悪いものだと思っていない**んです。だって、プレッシャーはまわりからの期待がなければ生まれないもの。期待されるだなんて、すごくありがたいことじゃないですか。

期待が緊張を生むのは、自分が目の前のことに本気で取り組んでいるから。何かに挑戦して、何かを成し遂げようとしている何よりの証です。どうでもいいと思っていたら、緊張なんてしませんよね。

そんなドキドキするようなチャレンジを大人になっても経験できるだなんて、やっぱり僕はありがたいことだと思うんです。

「緊張を和らげるためには、どうしたらいい？」と相談されることもあります。まずは、どうにかしようとするのをやめることだと思います。

考えてみてください。プレッシャーを感じて緊張をしているときに消そうとして消せる緊張って……なんですか？「消えろ」、「落ち着け」と願うだけで消える緊張なんて、大したことないですよね。だから、考えるだけでは緊張は消えないんです。

本当に緊張を消したいのなら、自信を手に入れること。つまり、行動するしかありません。僕がプレッシャーも緊張も喜んで受け入れることができるのは、その前段階でやるべきことを誰よりもやっているからです。

特に、ボディビルの場合は、トレーニングであったり減量であったり「やってきたこと」しか当日のステージ上に出せません。ビジネスやほかのスポーツでは、その日、その瞬間でチャンスに恵まれるということがあるかもしれませんが、ボディビルにはそれがないんです。時間と労力をかけてつくり上げてきたものしか出せない。だからこそ、余計に日々の努力がものをいう。

プレッシャーに押し潰されそうになる前に、緊張で自分らしさが失われる前に、やるべきことをやる。そうすれば、どんな圧も喜んで受け入れられます。

大会当日、ステージに上がる直前も緊張することはありません。優勝した年の大会前、バックステージで密着のカメラを遠ざけたことがあったけど、あれはカッコつけです（笑）。普段はおチャラけた僕だけど、ボディビルは真剣にやってますっていうのをちゃんと見せたかったし、パンプアップするときに歯を食いしばってる顔を写されるのが嫌だった。

でも、集中したいっていう気持ちもありました。ナーバスになっているのとはちょっと違って、緊張感ある大会独特の空気を楽しみたいというか、まわりがワチャワチャした感じで出たくなかったんです。

僕のなかで大会は戦いだし、まわりはすべて敵。特に、優勝した2019年は「全員ぶっ潰してやる」と殺気立っていたので、完全にモードに入るためっていうのもあります。

ちなみに、子どもの頃は緊張しいでした。目立つのは好きだけど、発表会とか授業中の挙手とか真面目なのは苦手。小学校のときにやっていた野球やソフトボールなんて「一球も自分のところには来るな！」「重要な場面で打席が回ってきませんように！」と思いながらやっていましたから。

チームスポーツは自分のエラーがみんなに迷惑をかけるから、それがすごく怖かった。だから、むしろ誰かがエラーすると自分のエラーがかすむから「よっしゃ！」と心でガッツポーズしていたくらい。なんていうか、小せえヤツです。

何かがあって心変わりした、とかはなくて単純に大人になったんですかね。子どもの頃は一つのことに一生懸命になることとか、緊張することが恥ずかしいことのように感じていたんですけど、大人になるにつれて恥ずかしいことじゃないと思えるようになりました。考え方が変わったんだと思います。

緊張している人を、笑う人なんていません。もしも笑う人がいたとしたら、それは無視していい存在です。

僕自身2019年の春に、メディアの世界に足を踏み入れてからというもの毎日が挑戦の連続です。見たこともないものに触れ、聞いたこともないことに挑み、考えたこともないことに脳をフル回転させて答える。

新しい世界で、緊張する瞬間も少しはあります。緊張を感じたら無理にコントロールしようとはせずに、ちょっとだけ自分を客観視する。

そして「緊張できる今、この瞬間がありがたい」と思って受け入れています。

緊張していつも失敗につながってしまうという方には、「緊張＝前に進んでいる証拠」というふうにポジティブに自分の気持ちを受け入れたり、準備不足で不安にならないくらい「今、できることは何か」を考えて具体的に行動にうつすことをお勧めします。

定期的な「客観視」で自分の現在地を知り、間違った思い込みを打ち消す。

王者にたどり着くまでの道を思い返すと「客観視」がどれだけ重要かということに気づかされます。設定したゴールに向かって、今どのあたりを走っているのか。地図のない世界で、そこをしっかり見極めることができるかどうかが、勝敗に直結するからです。

そのことを強く感じるのは、減量のときです。

ボディビル競技にはシーズンがあります。ほとんどのビルダーは1年365日、鶏ムネ肉とブロッコリーだけで過ごしているわけではなく、シーズンに合わせてオン／

オフを切り替えて生活をしています。

細かくは個人によって違いますが、平均的にオフは増量期、オンは減量期です。

筋肉の量を増やすには、たくさん重いものを持ち上げて鍛える必要があります。重いものを挙げるには体そのものにも重さが必要になるため、オフには食事への制限をゆるめて脂肪を意図的にのせていく人が多いです。

そして、オンに切り替えたタイミングで増やした筋肉量をできる限りキープしながら食事を制限したり、運動の種類を増やすなどして脂肪だけを削ぎ落としていく。それが、ボディビルの減量です。

読者の方にボディビル経験者がいるかはわからないけど、減量に入ると、自分の眼に努力フィルターがかかって実際よりも絞れているように感じるんですね。全身が少し締まって見える鏡の前に立ったときのような、あんな感じ。だけど、傍《はた》から見るとそんなには絞れていない。業界あるあるの一つです。

それってなんでなのかなーと考えると、食事を変えたり、トレーニングを工夫したり、**あれこれ考えて取り組んでいるから、自分では「できている」と「思いたい」**んですよね。目の前の鏡には真実が映し出されているのに、脳が勝手に働いて目に映る像に加工をほどこしてしまう。

勝つために自信をもつことが大切なのは間違いないけれど、その自信が客観性をもたない思い込みであったら結果にはつながらないと思います。トレーニングも食事も仕上がりも、定期的に第三者の視点をもつこと。自分を甘く見ず、厳しく見ることです。

思い出すのはフィジークでカテゴリ優勝した2015年の11月。日本代表としてハンガリーのブダペストで開催された世界フィットネス選手権に出場したときのこと。その時の僕は、早い話が調子に乗っていたんです。自分を過大評価していました。実際は自分のなかで調子が良かっただけで、全然バルクも足りないし大した体じゃなかったんです。だけど、バックステージで前年度優勝者を見ても、余裕で勝てると思っていました。自信満々の状態でステージに臨んで……、箸《はし》にも棒にもかからず予選落ち。悔しかったし、恥ずかしかったし、情けなかった。バックステージにも戻れなくて、会場外の公園で一人で1時間くらい泣き続けました。

大したことない自分に気づけなくて、自信と慢心を履き違えていた。そもそも、自信の持ち方を勘違いしていた。勝つためにするべき努力をしてこなかった井の中の蛙。超ダセえ。悔しくて、恥ずかしくて、情けなくて仕方がなかった。僕は、この独り善がりな体づくりをして惨敗した経験をキッカケに、自分を客観視できるようになりました。

客観視するために僕がボディビルでしていることは、大きく2つ。鏡だけに頼るのではなく写真や動画の撮影をすること。それから、自分以外の誰かに意見を求めること。ただし、意見を求めるのは信頼できる人に限ります。その後の取り組みを左右することだからこそ、適当にそこらへんにいる人に聞くことは絶対にしません。

それこそ武井さんに話をしたり、体の状態を見てもらったりしています。が、ここで大事にしていることは、それを同時に何人かにお願いするということです。病気の時もセカンド／サードオピニオンを求めますよね。理由は、それと同じです。

いろいろな目から、いろいろな意見をもらって、それを受けて自分がどうすべきかを考えていきます。

そうそう、僕、実はめちゃくちゃ泣き虫です。アニメとか映画とかを見ても、結構すぐ泣きます。感情移入しやすいのかもしれないですね。

感情移入も武器のうち。苦境を乗り越える主人公たちに、背中を押されて戦いに挑む。

筋トレ以外に趣味と言えるものはほとんどありませんが、昔からアニメや漫画が大好きです。トレーニングに打ち込めたのも格闘漫画『グラップラー刃牙《バキ》』に登場する範馬勇次郎《はんまゆうじろう》の体に憧れたからだし、**僕がこういう性格になったのもアニメや漫画による影響が強い**のかな、と思っています。

一番、影響を受けているのはやっぱり「刃牙」。勇次郎に憧れるのは体つきだけではなくて、「地上最強の生物」と言われる存在感とか、勝負ごとに関する考え方やスタンスも大好き。

彼の言葉づかいはすごく乱暴だから、読んだことがない人には「え!?」って感じかもしれないけど「俺以外、みんな餌《えさ》」っていう勇次郎の戦いに向けたテンションは、まさに自分の大会前のソレです。

ボディビルは評価のスポーツなので、ほとんどの選手はみんな「自分との戦い」としてステージに上がります。そんななか、**僕だけが唯一「全員ぶっ倒してやる」っていうくらいの戦闘モード**で上がっている。これは、間違いなく「刃牙」の影響です（笑）。

ほかにも『キングダム』とか『僕のヒーローアカデミア』とか『ワンピース』『鬼滅の刃』といった確固たる意志をもって、苦境に立たされても努力で必ず乗り越えて成し遂げる系の作品をよく見ます。

ボディビルを始める前から好んでいたけど、競技を始めてからは画のなかのキャラクターたちから勇気をもらったり、上を向く力をもらったり、背中を押されることが多くなりました。

アニメや漫画の主人公って、いろいろなパターンはあるけれど最後は自分を信じて力を発揮するじゃないですか。俺ならできる、と。

こんなことを書くと、ちょっとイタいヤツと思われるかもしれないけど、僕自身もぶっちゃけそんな感じなんですよ。**自分はほかとは違う特別な存在、この世界の主人公なんだ**って、物心ついたときにはもうそう思っていました。

でも、**自分の人生なんだから、主人公は自分以外にいない**じゃないですか。誰かに主役を奪われるなんて絶対に嫌だし、誰かの人生の脇役を生きるのなんてもっと嫌だ。

僕は、決して恵まれた環境に生まれたわけではありません。むしろ、経済的にはかなり苦しい家庭で育ちました。

だけど、環境を言い訳にしようと思ったことは一度もありません。10人いれば10通りの環境があるはずだし、それぞれに大なり小なり違いがあるわけで……。それをどうこう言っても、仕方がないですからね。

要は、**与えられたなかで何をするか**。そのときに力になるのが「俺ならできる」という物語の主人公的な発想なんです。「謎の自信」と笑われるかもしれないけど、それが土台にあるからこそ、かなりキツい内容のトレーニングも苦痛に感じることなくやり抜くことができるし、やり抜くことができるからこそ、ドッシリと揺るぎない自信ができあがります。

自信を手にしたら、もう勝ちしかありません。勝敗の世界は、結果がすべてですからね。**なりたい自分をイメージして、ストーリーをつむぐ。そこにリアルな感情を乗せていく力は王者になるための強力な武器**と言えます。

ちなみに、僕が言う「苦痛に感じない」というのは、ノーダメージという意味ではありませんよ。ぶっちゃけ重いし、骨も関節も痛いし、心がしんどい時がないわけじゃない。筋肉痛だってある。怪我だってたくさんある。だけど、筋肉は負荷を与えなければ大きくならないんです。

優勝した2019年なんて、どこもかしこも怪我ばっかりで、痛み止めを飲みながら取り組んでいました。

どうしてそこまでしてやるの？　と思うかもしれないけれど、僕は、自分が望んでボディビルをしているから。誰かにやれと言われたわけではないから。

自分がやりたいと思ってしていることだからこそ、苦しみがあっても痛みがあっても、苦痛だとは思いません。

僕からしたら、すべて夢を手に入れるための投資でしかないから。

ただ努力すれば
一番になれるわけじゃない。
自分に合ったところで、

誰よりも
努力をした上で勝負する。
それが王者につながる
唯一の道

諦めという選択肢はない。
できなかったら、
自分の熱意と情熱が

足りなかっただけ。足りなかったのなら、次はもっとやればいい

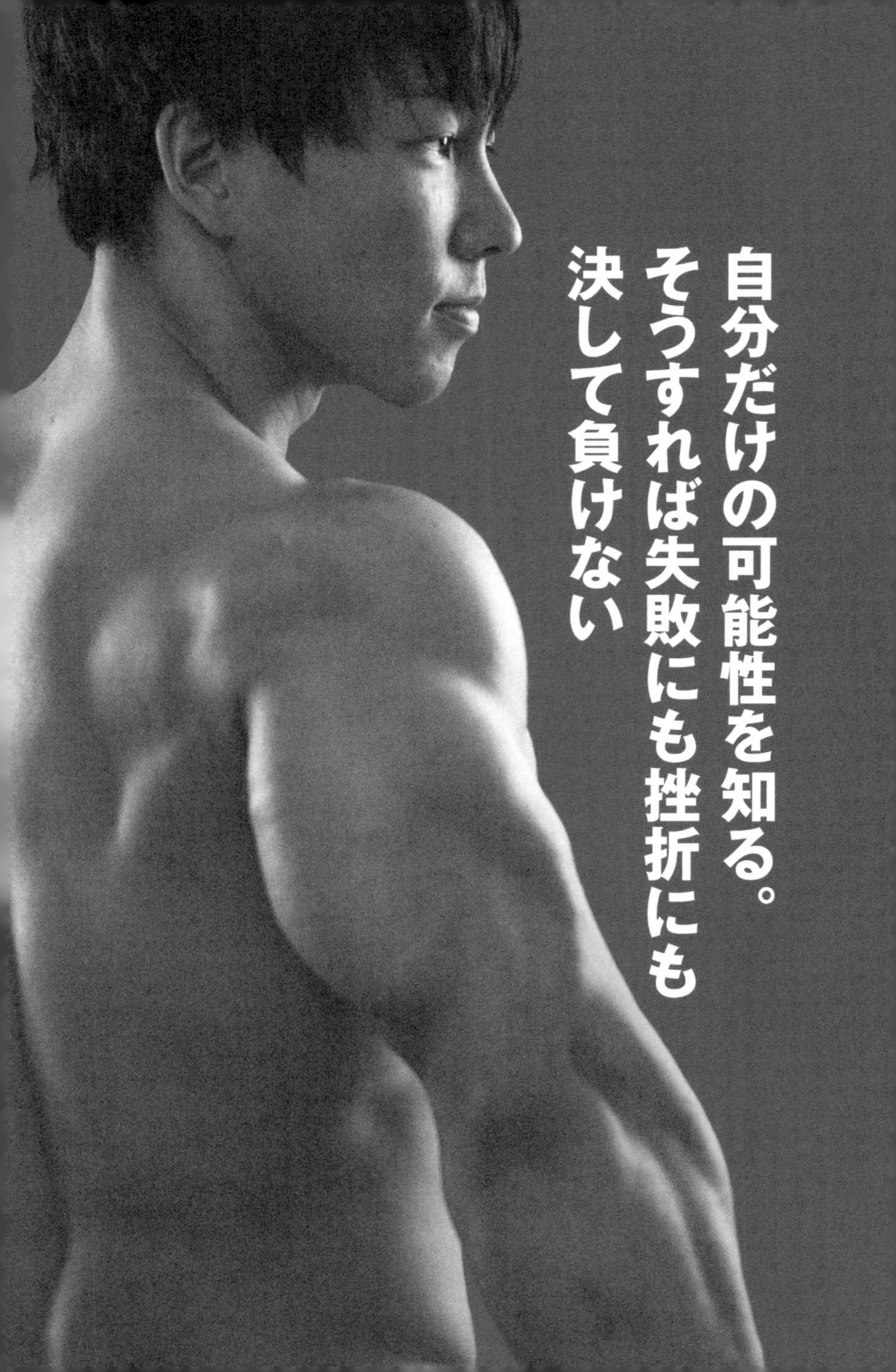
自分だけの可能性を知る。
そうすれば失敗にも挫折にも
決して負けない

第2章

王者の原点

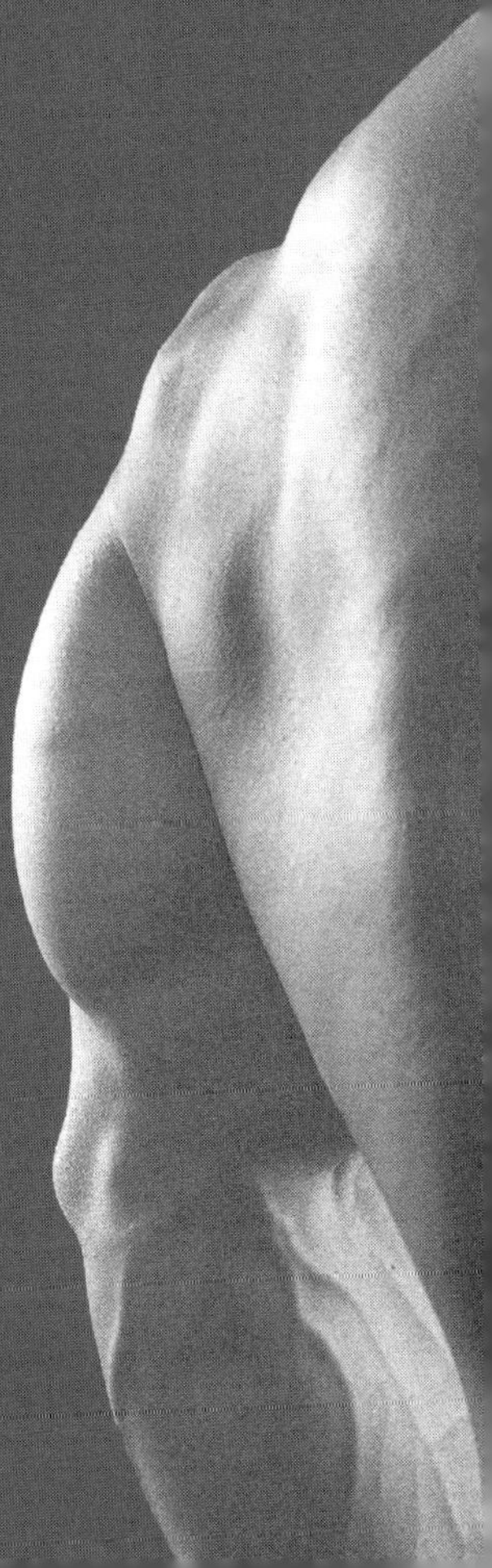

諦めない姿勢を最初に教えてくれたのは、底辺から這い上がったソフトボール。

小さい頃から体を動かすことが好きなので、習い事はいろいろとしてきました。

小学生のときソフトボールを始めて、中学生で野球とキックボクシング、高校生になって少しだけ陸上をかじってから空手をやり、専門学校生になってボクシングを始めました。そのあと、暇つぶしで始めた筋トレに唯一ハマり、今に至ります。

本当は小学生のときはサッカーがやりたかったのですが、友だちにつられてなぜかソフトボールチームに所属することになりました。でも、そのあとに自分にはチームスポーツが向かないと気づいたので、サッカーをやっていたとしても行き着くところは同じだったのかな、と思っています。

流れに身を任せて所属したソフトボールチームでしたが、今は入ってよかったなと心から思っています。なぜなら、競技の楽しさは理解できなかったし、実際まったく続かなかったけど、僕に「諦めない姿勢」を教えてくれた最初の場所だからです。

所属したチームは、いわゆる最弱チームでした。どのくらいかというと、地区予選1回戦でコールド負けをするくらいのレベル。でも、最終的にそこから全国ベスト8まで上り詰めました。

「全国優勝」を目標に掲げ、可能な限り練習時間を増やしました。週に3～4回は朝5時から体力づくり。平日は学校が終わったら、20時まで練習して、土日は両日一日練習。とにかく練習、練習、練習……。少しずつ戦えるようになってきたのを実感し始めて、次に気づいた時には東京で最強のチームになっていたんです。

底辺から這《は》い上がっていく、その様を肌で感じた4年間。僕は、そこで努力の仕方を学んだと思っています。どんなに無謀と思えることでも、自分なら「できる」と信じて、やるべきことを積み重ねていけばたどり着けることを知った。

って、第1章でお伝えしたことと一緒ですよね。このときの這い上がり経験が、大人になった今でも何かに取り組む上での僕の考え方の基礎になっているんです。

ちなみに、その頃の僕は軽度の喘息《ぜんそく》をもっていました。それを知ったのは中3のとき。キックボクシングを始めた当初、ミット打ちが1ラウンドももたなかった。体力をつけようと朝から走り込んでも、一向に変化がなかった。母ちゃんに相談して、ようやく持病があることを知りました。

やりたいと思っても、できない。やってはいけない。だから空手もボクシングも（陸上は、高校の部活で一瞬だけ）いつでも練習は追い込まず、軽く、楽しく。趣味の域を超えることは許されなかった。

高校生になって徐々に症状は落ち着きましたが、その本気を出すことを諦めたモードのまま大人になって**ウエイトトレーニングにも出合わなかったら、と思うと怖い**です。

きっとソフトボールチームで学んだ「諦めない姿勢」なんてことも忘れて、今でも何にも本気になれずにフラフラしていたと思います。

暇つぶしのジム通いから
ボディメイクコンテストへ。
そして、日本一への決意。

実際、学生時代は夢中になれることが一つもなかったので、絵に描いたようにフラフラと遊びまくっていました。入学したのはスポーツトレーナーになるための専門学校でしたが、入りたくて選んだのではなくほかに入れるところがなかっただけ。

中学と高校と、机に座ってする勉強に対してやる意味をどうしても見出せなくて、筆記用具を手にした記憶すらないほど勉強をしませんでした。だから、行けるところがあるだけありがたいと思え、という感じでした。

そんな感じでようやく受け入れてもらったものの、やっぱり勉強は嫌いだし、働くのは無理だし。友だちは授業なりバイトなりがあって忙しい。僕、一人だけが暇なわけです。

そんなとき、**たまたま学校でジムを見つけた。ほかにすることがないからトレーニングでもするか、と思い立ってやるようになった**のが、すべての始まり。

知っている種目だけを適当に。トレーニングをし始めて3～4ヶ月くらい経ったとき、ふとまわりを見渡したら誰よりもデカい体になっていることに気がつきました。

ベンチプレスをやってみたいと思ってジムに入会して、ボディメイクのコンテストがあることを知りました。ほんの興味で「今の自分がどれくらいのものかを知りたい」とエントリーしたのが、2014年の「ベストフィジークジャパン」という大会です。トレーニング歴半年とも言えない、ほぼキックボクシングでつくった体でしたが「ミスターベストフィジーク」カテゴリの2位になりました。

フィジークとは、ボディビルとは異なる競技です。簡単に説明すると、ボディビルは筋肉の総合力を競い、フィジークは主にバランスを競います。

ボディビルほど全身の筋肉量を求められないので比較的、初心者でも挑戦しやすいと言えます（厳密に言うと、そんなこともありませんが）。

これまで自分は負けず嫌いだと説明してきましたが、そのときはまだトレーニングに没頭とまでいかず、2位という結果にもそれなりに満足して、一旦トレーニングから離れてしまったのです。


それから半年後。母ちゃんが何気なくこぼした一言で僕は一大決心をしました。


専門学校卒業後も、就職はせずに適当にバイトをしたりしなかったり、相変わらずフラフラと遊び歩いていました。

僕には兄が2人いるのですが、ともにいい大学を出て、いい企業に就職して、しっかりと自立した生活を送っています。

3兄弟のうち、僕だけが成人を迎えても母ちゃんの世話になりっぱなし。世話どころか迷惑もたくさんかけました。バカをやってお金の工面をさせることも。にもかかわらず恩返ししようともせずに、毎日のほほんと自由気ままに過ごしていたんです。

そんなとき、母ちゃんが「家賃を払うお金がない」とこぼしました。今は、手持ちのアクセサリーなどを売ってどうにか凌《しの》いでいる、と言うのです。

愚痴とか、僕に対する投げかけとか、そういうことではなく、本当に何気ない会話のなかで呟《つぶや》いた言葉でしたが、この瞬間、僕は自分自身の情けなさにようやく気づくことができました。

同時に「**母ちゃんにとって自慢の息子になりたい**」「これまでの恩を返したい、返さなくちゃいけない」と思うようになりました。

でも僕には学歴がない。勉強もできない。普通に働くのも難しい。何ももっていない僕にでもできる、気持ちが伝わるすごいこと――。

そうだ、自分の得意なトレーニングで「日本一」になろう。

世界で一番大切な人。いつも側で見守り続けてくれる母ちゃんの存在。

母ちゃんの話が出たので、ついでにエピソードも書いておこうと思います。
学生時代はフラフラついでにかなりヤンチャをしていて、書き残せない（残したくない）くらいやらかしてきました。それでも、いつも何も言わずに見守り続けてくれたのが、僕の母ちゃんです。

強く記憶に残っているのは、高校に入学した翌日の出来事。今にして思うと勝手すぎる理由なのですが、思い描いていた高校生活と実際に始まった現実の高校生活との間に大きなギャップを感じて、2日目にして耐えられなくなった僕は「退学する」と言い出し、父親とケンカをしました。

もう家出してやろう！　と自転車に乗って家を飛び出したのですが、高校生なのでお金もないし、行くところもないし……。結局0時過ぎに帰宅しました。

普段なら、みんな寝ている時間。だけど、その日は母ちゃんがオムライスをつくって、起きて待っていてくれたんです。自分の部屋に戻ったらパジャマが綺麗に畳んで置いてあった。リビングに戻ると、一言「おかえり」と迎えてくれました。

安心をしたのか、なんなのか。急に目頭が熱くなって涙が流れてきました。

泣きながらオムライスを食べる僕の隣で、母ちゃんは静かに座っている。何も言ってはきません。あの空気感を、今でも鮮明に覚えています。

それから僕は、母ちゃんのことが大好きになりました。

僕がフィジークに初めて出場した年、両親は離婚という選択をとりました。話が前後してしまうけど、家賃が払えないとこぼしたのはここに理由があったんです。

家族という今ある一つのかたちが壊れることは嫌だったけど、それより自分に対して申し訳なさそうにしている母ちゃんを見るのが苦しかった。

たくさん苦労をかけました。いや、今でもまだまだ苦労をかけているけれど、これからたくさんの恩を返していきたい。いろいろな想いがあるけれど、**僕がどんなときでも踏ん張れるのは、母ちゃんに幸せになってほしいから**だと思っています。

普段は恥ずかしくて言えないけれど、今こうやって僕がいられるのは母ちゃんのおかげなんです。毎日、家でごはんを作って帰りを待っていてくれること。洗濯したり掃除したり、いろんな家事を全部してくれて、当たり前に生活させてくれること。すべてに感謝しています。

出演した番組を全部録画して、しかも間違えて消さないようにロックをかけてくれているとや番組を見ている母ちゃんの笑い声を聞くのが、今は本当に嬉しい。何かをしてあげるってことは出来ていないけど、喜んでくれているのを見ると少しずつ恩返しができているのかなって思うし、改めて頑張ろうって思うし、中途半端にはできないなって、気が引き締まります。

夜、寝る前に母ちゃんの優しさを思い出して無意識に涙が出てくることがある。母ちゃんは僕にとって世界一のお母さん。心から、そう言えます。

徹底して努力する兄の姿と、尊敬すべき2人のカリスマ。

兄が2人いると書きました。どちらもいい大学を出て、いい企業に就職をしていると。だけど、簡単に「エリート」とは呼べません。なぜなら2人とも、まさに血の滲《にじ》むような努力をして、今のポジションを手に入れたことを知っているからです。

年はそれぞれ3つずつ離れています。だから上の兄とは6つ離れていることになるけど、仲はすごくいいです。

6畳の部屋に母ちゃんも加えた4人で寝ていたときもあります。朝から晩まで同じ空間で過ごしていたから、見るもの聞くことやることすべてみんな一緒。だから、家族への想いが強いし、兄からの影響もすごく強く受けて育ちました。

特に上の兄は、自分が望む環境を手に入れるためなら徹底的に努力をする人です。大げさでなく一日中、机に向かって勉強をしていたし、そこに一切の妥協を許しませんでした。

別に普段から厳しい人間とか、そういうわけではありません。優しい兄ちゃんです。でも、自分がコレと決めたら絶対にそこに向かってやり続ける人。**何かを得るということは、代わりに何かを犠牲にするということ**だと、兄から自然と教わりました。

日本一になって自慢できる息子になって母ちゃんに恩返しをしようと決めたときも、兄の存在は大きかったです。

2人はとっくに独立して、母ちゃんを支える立場になっている。一方で、僕だけがいつまでも一緒にいて、ただ負担をかけ続けている。

勉強はできないし、真面目に働いた経験もない。今から兄ちゃんたちのようにきちんと勤めて稼ごうとしても何十年かかるかわからないし、そもそも、それまでの生活が破綻し切っているから、いい会社が雇ってくれるわけもない……。兄たちと同じ方向性で恩返しをしようとしても難しいことくらい、僕にもすぐわかりました。

お金どうこうではなくて、せめて何か気持ちの面で返せること、伝えられることはないかと考えたときに「日本一」という王者の称号を手に入れようと決めたのです。やると決めたら、徹底的にやる。絶対に夢を叶える。その姿勢は兄を見ていたので、すぐにモードを切り替えることができました。

ちなみに、母ちゃんはあまり口を出さない人です。教えとして言われていたことは「人の縁を大切に」ということと「やっていいことと悪いことの線引きをする」ということだけ。だからヤンチャしていた時代に人としてよくないことをしてしまったときは当然叱《しか》られましたけど、それ以外に何かを言われたり怒られたりした記憶はありません。

優勝したときも「おめでとう」の一言でした。でも、それでいいんです。その一言だけで、すべてが伝わってくるから。

家族のほかに大きな影響を受けたのが、格闘家の魔裟斗《まさと》さんとサッカー選手の本田圭佑さんです。主に、僕の気持ちの強さの部分はこの2人のカリスマによって構築されたと思っています。

誰よりも努力をした上でデカいことを言い、最後はキッチリ有言実行してみせる姿が最高にカッコいい。存在としてはまだまだですが、2人のような思考が僕のなかにもあるからこそ、大会前にデカいことを言ったりするんです。

2人の言葉にはたくさんの刺激を受けてきました。なかでも、一番好きなのは魔裟斗さんの「一番辛い道を進むのが一番成功の近道だ」という言葉です。

努力に裏打ちされた自信、周囲を圧倒する力、刺激的な言動、確固たる意志、今与えられた「自分」の人生を全力で生き抜こうとする姿勢。尊敬しています。

注目を集めたボディビル転向も、初戦でまさかの大失敗。諦めの選択が頭をよぎった。

話を戻します。母ちゃんへの恩返しを心に決めて改めて、日本一を目指してトレーニングを再開した3ヶ月後。2015年「第2回オールジャパンメンズフィジーク」172cm以下級でカテゴリ優勝、そしてオーバーオールで3位になりました。

カテゴリ1位は、僕がなりたい1位とは違う。僕がなりたいのは、誰の目にも明らかな日本一。無差別級での日本一。もっと強くなりたいし、もっと圧倒的なデカさが欲しい。しかも、コンテストのステージに立った瞬間、ボディビル特有のバルクを強調するポージングをとりたいと思ったんです。

考えれば考えるほど、僕が挑むべきなのはフィジークではなくボディビルなのではないかと思うようになりました。

そして、２０１６年に入ってすぐ転向を宣言しました。

その頃は日本でフィジーク競技が始まったばかりで、ボディビルに転向する人がまだいなかったんです。僕は「史上初」とか、そういうのにも弱いので（笑）、誰かに先を越される前に、という想いもありました。

筋肉業界は広いようで狭く、転向の話は瞬《また》く間に広がってトレーニング専門誌でデビュー戦までの調整を追う連載も始まることに。

たくさんの注目選手がいるなかで僕のような新米を取り上げてもらえるのは素直にありがたいと思ったし、もちろん「結果を出してやる」と思っていたので、取材をお受けしました。

転向後、初めての取材では「日本チャンピオンになる」と宣言をしましたし、デビュー戦として定めた「東京ボディビル選手権」の最年少記録を破るとも言い切りました。知らない人のために補足すると、地区大会のなかでも出場選手のレベルが高いことで知られていて毎年、大きな注目を集めている大会の一つです。

しっかりと、目指すところを口に出すことが大事だと思ったし、有言実行をやってのければ、想像できないくらいのとんでもないことが返ってくるような気がしたからです。

しかし……、僕はそのデビュー戦で大失敗をやらかしました。

正確に言うと大会2ヶ月前の時点で、もうすでに失敗していることに気づいていました。どう足掻《あが》いても大会には間に合わない。**たくさんの人が活躍を信じて期待を寄せて楽しみにしてくれているのに、僕だけが失敗に気づいている**状況でした。原因は、減量。経験の浅さから、自分の体がどの程度で仕上がるのかを見誤っていたんです。

予選落ちしたフィジークの世界大会後が73〜74kg。普通の生活に戻したことで85kgに増えて、さらに2月から増量に入り4月終わりの時点で97kg。そこから3ヶ月で10kgくらい落とせば、8月の東京選手権に挑むのにちょうどいいコンディションになるだろうと。でも、**それが勘違いだったということに気づいたのは、減量を始めて1ヶ月を過ぎた頃。もう、取り返しのつく時期ではありません。**

減量は大会出場者にとって筋肉を大きく鍛える以上にマストの、最低レベルの条件。なのに体脂肪を落としても落としても一向に筋肉のかたちが見えてこない。10㎏減じゃ、間に合わない。20㎏は落とさないと、到底間に合わない。

【あと2ヶ月でマイナス20㎏。さすがに無理だ。出場を辞退したい。でも連載は始まっているし、毎日のように「応援してるよ」と声をかけられる。やるしかない。体が細くなってもいいから、とにかく人前に立てるところまでは、落とさなければ……。】

それから2ヶ月間、1日リンゴ1個の生活を続けました。

毎日ジムへ行って、毎日全身をトレーニングして、ストレッチエリアの隅っこで休んで、起きたら有酸素運動を2時間。一日の3分の1をジムで過ごして、筋肉を大きくするためではなく、せめて、少しでも体脂肪を減らすために体を動かし続けました。

このときの心境は、一体どんな言葉にしたらいいのだろう。

とにかく毎日、ずっと絶望していました。一日一日はとてつもなく長く感じるのに、大会はどんどん迫ってくる。リンゴ1個しか食べていないのに、どんなに動いても代謝が落ちているから絞れない。空腹のレベルを越えた、もはや飢餓の状態で当然体調は崩しているし、まともに生活できる状態ではありませんでした。

勘違いしてほしくないのですが、このやり方はボディビルはおろかダイエットとしても完全に間違ったやり方です。栄養が足りなくて思うように動けないし、疲れも抜けないし思考も止まる。貧血を起こして倒れたときもありました。ストレッチエリアで休む姿は冗談ではなく、本当に『あしたのジョー』のラストシーンのような状態でした。

しかも、そこまでしても結局絞りは甘いまま。大会はもちろん予選落ちです。

勝てないことなんてわかりすぎていたからステージに立つのも申し訳ないくらいでしたが、そのときに僕がやらなければいけないことは、それでも出場することでした。とにかく自分が情けなかったし、恥ずかしかった。ボディビルをする資格がないんじゃないかと思ったし、これでもうやめようかと思ったりもしました。

でも、そこで踏みとどまれたのは僕が本気だったからです。

挫折は経験するものだから失敗しないことよりも、そこから立ち上がれることが重要。

僕がこれまで経験したなかでも、フィジーク世界大会とボディビル初戦の二つは特に大きな挫折感を味わった出来事だったと思います。だけど、その度合いが大きい分だけ学びの度合いも大きかった。

ボディビルの頂点を目指す上で絶対に必要な客観性と計画性を、選手として初期の段階で身につけることができたわけです。そう考えると、**失敗しておいてよかった**なと心から思います。

競技開始から4年でトップという事実だけを見ると、すべてがトントン拍子で進んできたかのように思われますが、そんなことはありません。その時々で行き詰まることだってあったし、トレーニングもただ同じことを繰り返すだけでは体が刺激に慣れてしまって成長が止まるため、メニュー構成を変えたり、グリップを変えたり重心をコントロールしたり……何かしらのトライ&エラーを繰り返しながらこの体をつくってきたんです。

いろいろと書きましたが、伝えたいのは大なり小なり僕も失敗をしてきたし、その度に挫折を味わってきたということです。

だけど、挑戦に挫折はつきもの。夢を追いかけて頑張って挑戦している人ならば避けては通れないもの。むしろ、自分を1段階レベルアップさせるために欠かせないもの。だから失敗をしないように心がけることよりも、失敗をした後に、どうやって立ち上がるかに意識を向けることのほうが、絶対に重要だと思うんです。

立ち上がることができさえすれば、失敗はプラスの経験値でしかないですよね。

失敗をしたり、壁にぶつかったり、心が折れそうになったり、挫折を感じたり。そんなときこそ一番はじめの情熱を思い出して踏ん張って、それからもう一度、どんなかたちでもいいから、とにかく一歩を踏み出すこと。

だって、せっかくコレだ！　というものに出合ったのに、簡単に諦めたくないじゃないですか。**諦めは、負けと同じ**。勝負すると決めたところで、僕より上に人がいるなんて認めたくない。

一瞬でもやめたいと思ったボディビル転向当初の僕は、今よりずっと体も心も弱かった。比べようもないくらい、ヒョロヒョロでした。

そこから「無謀」と言われ、笑われ続けた夢を日々の小さな積み重ねによって成し遂げた経験があるから、今はもう諦めという名の選択肢は僕にはありません。

誰かに言われたわけでなく、**自分が心からやりたいと思うことは、絶対にやればできる**んです。

今の僕には、ボディビルのことしか言えないけれど、仕事でも勉強でもほかのスポーツでもなんでも同じだと思います。だから、やっぱり行き着くところは、成功するまでやるだけなんです。時間は、それなりにかかるかもしれないですけどね。

トレーニングにはメリットだけを追求している。怪我を恐れて回避はしない。

筋トレを始めた頃から、自分とまわりとの間に感覚の違いがあることはわかっていました。単純にトレーニングが楽しくて、気がつくと3時間が経っている。それは僕にとっては「無理して頑張っている」わけでも「追い込みまくっている」わけでもなくて、普通に楽しんでやっているだけ。

その基本スタンスは、競技を始めてからも変わりません。キツくても痛くても、それが楽しいんです。だけど、そんな僕を見て「やりすぎだ」とか「オーバーワークになる」とか言う人がたくさんいます。

トップビルダーの多くが長きにわたるハードトレーニングの代償として肘や膝など

の関節を中心に体を痛めています。そのため「若いうちからそんなに飛ばすと、思うようなトレーニングができなくなる」といった親心からくる助言のようなものと解釈しています。実際、僕自身も体のアチコチを怪我しているし、痛み止めが手離せない時期もありました。

でも、怪我を恐れるっていうのは、今の僕にはない感情です。

なぜって、楽しい、とはまた別の視点になりますが、ボディビルが競技である以上誰よりもやらないと勝てないから。選択肢として「やる」しかないからです。トレーニングキャリアの浅い僕が、**たった1～2年のトレーニングで取り返しのつかない怪我をしたなら、そこまでの男だったたってこと**。王者のうつわではなかっただけというのが、僕の考え。

もちろん、トレーニング種目のなかには怪我をしやすいものもあります。だけど、その種目が自分の筋発達に合っていて、取り組む必要があるなら「やらない」という選択肢は消えます。そこは、メリットだけを追求してデメリットは考えません。

普段の僕は、かなりの心配性と書きました。だけど大会で負けてしまうかもという不安感と、怪我をしてしまうかもという不安感は、まったくの別モノです。**できるトレーニングを一生懸命やらないほうが、よっぽど怖いです。**

決めたことをやらなかったことになるし、怪我を回避して当日を迎えたところで「勝てないかも」という不安は残ってしまうと思うから。

無茶することを推奨したいわけではありません。僕は、最短ルートでの勝利しか見ていなかったから、そもそもこの考えが無茶なことだなんて1ミリも思っていない、という話なのです。

「最速」にこだわる理由。無理というのは、他人の価値。自分にできることは、自分にしかわからない。

最短ルートでの勝利しか見ていなかったのは、単純に僕がせっかちな性格だから。そもそも、この夢の始まりは母ちゃんへの恩返しです。ボディビル日本一を皮切りとして、何度でも恩返ししていきたいのに、たった一回の、それも一番最初の恩返しのために何年もかけてはいられません。

ボディビルに転向して4年目にチャンピオンになりましたが、僕的には4年でもかなり長かったと感じています。手に入れたいと思ったらすぐにでも手に入れたいタイプなので、当初は1〜2年でいけるだろうと思っていました。

だけど、2年目に日本一を決める日本選手権に初出場してトップ選手たちと肩を並べたとき、それはちょっと難しそうだと思い直しました。その代わり、これまでの自分の体の成長スピードを考慮しながら現在のトップ選手と比較したときにあと3年、うまくいけば2年後にはこの差を埋められると肌で感じました。

実際、2年後の2019年に王座にたどり着きました。だから、長かったと感じていたけれど、大体は僕が想定したとおりだったんです。

と、こんなことを書いてしまうと、ボディビルを知らない多くの人は「1～2年でチャンピオンになれるようなものなのか」と思うかもしれません。はじめにも書きましたが、誰でも簡単にとか、そういうことではないんです。

そもそも、僕にはボディビルの才能があった。そのことに気づいていたからこそ、最速でチャンピオンを目指そうと思えたのです。

実際に王者になるまで、まわりは口を揃えて「無理だ」と言いました。

ある程度のキャリアがないと難しいよ。たった数年じゃ、日本一の体はつくれないでしょう。さすがに、それは冗談だよね。まあ10年後に、優勝争いに入れたらいいんじゃない。……なんてことを言いながら、普通に笑う人もたくさんいました。

でも、**僕の目の前で無理だと言って笑うその人は、僕ではない**んですよ。

確かに、あなたには無理かもしれない。だからと言って僕にも無理だと、どうして言える？

自分にできることは自分にしかわからない。他人に、勝手に決めつけられることじゃない。体ができあがるのは「10年後」だなんて、誰が決めたのだろう。その予測は、今までの常識から弾き出された数字なんだろうけど、**残念ながら、僕は今までの常識のなかにはいない**から。

常識にとらわれる人は、結局、常識に足を引っ張られて終わるんです。

僕の通常は、みんなの異常。ボディビル転向直後に受けた〝ジュラシック〟の衝撃。

でも、なんだかんだ言って、僕もフィジークでチャンピオンになったときくらいまでは理論や常識にとらわれていた部分もあったように思います。世間のそれとは多少のズレがあるにせよ、決められた枠組みのなかにいるというか。

今にして思えば……ですけど、**頭のどこかで自分のやることなすこと「こんなもんでいけるだろう」という生ぬるい思考がはびこっていました**。そこから「やり切る」という考え方にバチッと切り替わるタイミングに恵まれたのが、ボディビルへの転向を宣言したすぐ後のこと。

普段は名古屋で活動をしている木澤大祐さんという日本トップビルダーの一人が東京でトレーニングをするということで、共通の知人である女子フィットネスビキニの女王・安井友梨さんがつないでくださり、見学させてもらう予定でした。

自分のトレーニングを先に終わらせて、邪魔にならない距離感でスタンバイ。トップ選手の筋肉を至近距離で見るのも、トレーニングを見学するのも初めてだったので始まるまではただワクワクしていたのですが、実際に**木澤さんが動き出すとその迫力が凄まじく、ワクワクのような浮ついた気持ちでは受け止めきれないほどの衝撃**だったんです。

才能の話を書いたとき、ボディビルで強くなるためには体つきが重要な要素の一つとお伝えしました。当然、トップの選手たちはみんな一様に素晴らしい体つきです。その上で個体差から生まれる人それぞれの特徴があるわけですが、木澤さんに関しては、圧倒的なバルク（筋肉量）が持ち味です。

とにかくデカい。デカすぎてついたキャッチフレーズが「ジュラシック」ですからね。木澤さんをご存じない方でも、恐竜クラスと言われれば、そのスゴさを想像しやすいかもしれません。でも、ぜひ想像で終わらせず検索をかけてみてください。YouTubeチャンネルも開設しています。

トレーニングは目的に応じて重量や方法を設定するのですが、トレーニングの強度を高める際に、できる限りの高重量を扱うことで知られています。イメージしやすく数字を出すと、背中に担ぐバーベルスクワットで200kg、腕を鍛えるバーベルカールで85kgとか、トレーニング上級者であっても数回の挙上で心が折れてしまいそうな重さです。

だけど本当に驚かされたのは、そこから先。それほど重いものを扱っているというのに動作の一つ一つがとても丁寧で、すべての場面で粘るんです。重量によって筋肉にかけられる負荷を、一瞬たりとも逃さないようにしているような。

とにかく必死に、歯を食いしばって狙った部位が少しも動かなくなるまで徹底的に刺激を入れ続ける。

その頃の僕のトレーニングなんて、10回（持ち上げられる重さで）3セットのような、いわゆる基本のやり方として初心者が習う手法に毛が生えた程度のもの。それが悪いわけではないけれど、じゃあボディビルで日本一を目指す者のトレーニングとしては、どうなんだ？　と。掲げる夢に対して今の自分の取り組みは、どう考えても生ぬるいということに気づいたんです。

木澤さんのほうから声をかけてくださり、トレーニングをご一緒することになりました。その状況で「トレーニングはもう終わりました」だなんて、誰が言いますか？　こんなチャンスは滅多にない、と喜んでお受けしました。

初めて味わうレベルの筋肉の疲労感。これくらいまでやらなければ、トップにはいけないのかと身に染みてわかった瞬間です。このときから、僕のトレーニングは大きな変化を遂げました。**生ぬるい状態から、通常をすっ飛ばして一気に異常モードに切り替わり、それが今につながっている**んです。

これがボディビルに転向してすぐのタイミングだったからこそ、みんなにとっての異常が、僕の通常となった。最速で夢を叶えることができた理由は、ここにあると思っています。

習慣化のコツは強い気持ち＋身近に感じる環境設定にある。

ボディビルに欠かせないものの一つに「習慣化」があります。トレーニングも食事も、その場しのぎ的な取り組みではなんの成果も生みません。

そうは言っても、新たに習慣を身につけるというのは口で言うほど簡単なことではありません。

僕の場合、習慣を大きく変えたのは2位に終わった2018年からの1年間でした。

あのときは「次に勝てなかったら、すべてが終わる」という強い気持ちで取り組んでいたし、当時、就いていた仕事から食の楽しみ、友だちづき合い、恋愛などボディビル以外の要素を人生から消し去っていたシーズンだったからこそ成し遂げることができたと思っています。

そんな感じなので、大会に出て結果を残そうとする人がモチベーションを求めるのはまったく理解できません。でも、特に切羽詰まっているわけではなく、一般的なダイエットやトレーニングを始めようとする人が運動や食事制限の習慣化に行き詰まるのは、無理もないよなと思います。

そういう場合の習慣化のコツとして僕がお伝えできることは、気持ちを強くもつだけでなく、身につけたいと思う習慣を物理的に身近に感じる環境をつくるということです。

例えば、僕はジムの近くに住みました。どこか決まった場所で毎日働いているわけではないから、その日によって向かう時間や場所も違います。宿泊を伴わない限り、絶対に帰る家とジムの最寄り駅を同じにすれば、無駄な移動時間を取りません。そのぶんトレーニングや休養に費やすことができます。特別な予定のない日なら、なおさらです。

目的地が少し離れたところにあると行けない理由を探してしまうから、**行けない理由を先に自分で用意しておく**んです。

他にももっと例を出せたらいいのですが、ボディビルに必要なことは鍛えることと減量なのでジムにさえ行けてしまえば、どうにか続けられるのです。

毎日歩こうと思うなら、シューズやウエアをすぐ手に取れるところに準備しておく。毎朝素振りをしようと思うなら、シューズとバットをベッドの横に置いて眠る。自分の性質やパターンから、どうやったら自分が逃げられなくなるか考えてみるといいと思います。

トレーニングの質と量。誰よりも早く成長したいからどちらも追求していく。

ある程度、トレーニングを続けていくとぶち当たるのが「質」と「量」の問題です。まったくやったことのない人には、わかりにくく感じるかもしれないけれど、とてもよく聞かれることなので僕の考えを書いておこうと思います。

結論から言うと、質も量もどっちも大切です。

みんな、そんなことはわかっていて「それでも、どちらか一方しか選べないとしたら」というスタンスなのかもしれないけど、それを聞いてどうするんですか？　どちらか一方しか選べないなんてこと、絶対にないじゃないですか。

質が高くても30分では成長率はそれなりだし、5時間できても質が悪ければ体にとってはプラスとは言えない。だから**質も量も絶対に必要で、その上でその人の生活スタイルであったり性格であったり、目的によって「今」どちらを「優先するか」**っていう話なんだと思うんです。

長い時間を確保できない人は、質でカバーするしかありません。でもトレーニングに慣れ親しんで、感覚が鋭くなるまでは、量でカバーする必要が出てきます。

だけど、僕の場合はその「カバー」がもったいないなって思うんです。

質より量を選んだとして、例えば【質8】【量12】の状態で、質の不足を量の2で補うのではなく、はじめから【質10】【量10】にしたい。誰よりも早く成長をしたいからどちらも最大限追求したいんです。

じゃあ、何をどれだけやったらどちらも10になるのかっていうのは、それぞれの今の体の状態によるし、どのように成長したいかにもよるので自分で探し出すしかありません。あくまで参考として、僕のトレーニング時間は常に2~3時間です。

人の夢を『無理だ』と言って笑うヤツはいる。だけど、そいつは自分じゃない。俺は、俺。常識とか普通とか、他人が勝手に決めたこと。自分の可能性は自分だけのものだ

STRIVE
SMART STRENGTH
STRIVE
5-ONE-ALL

WLIN

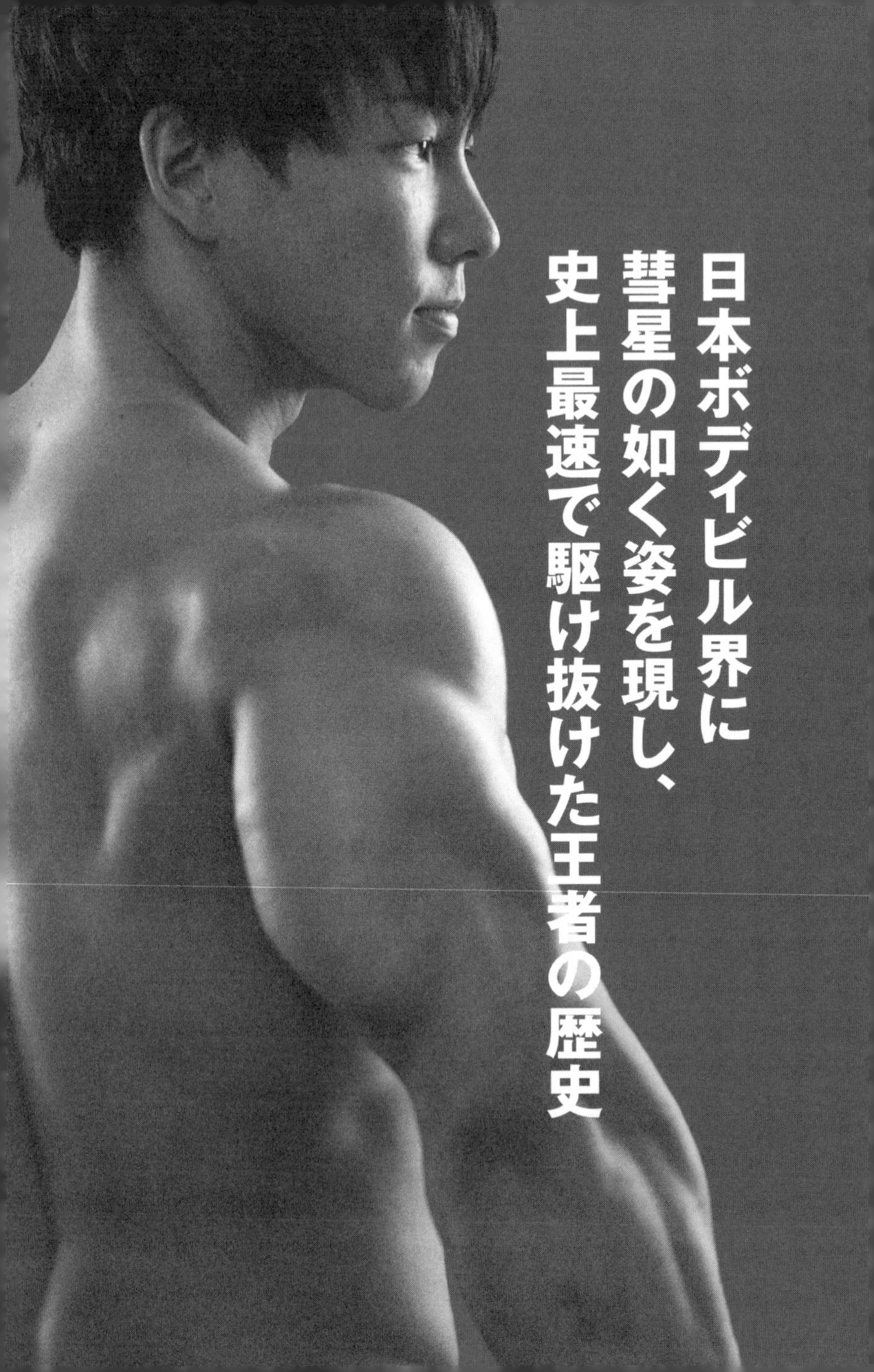

日本ボディビル界に
彗星の如く姿を現し、
史上最速で駆け抜けた王者の歴史

第3章

王者の軌跡

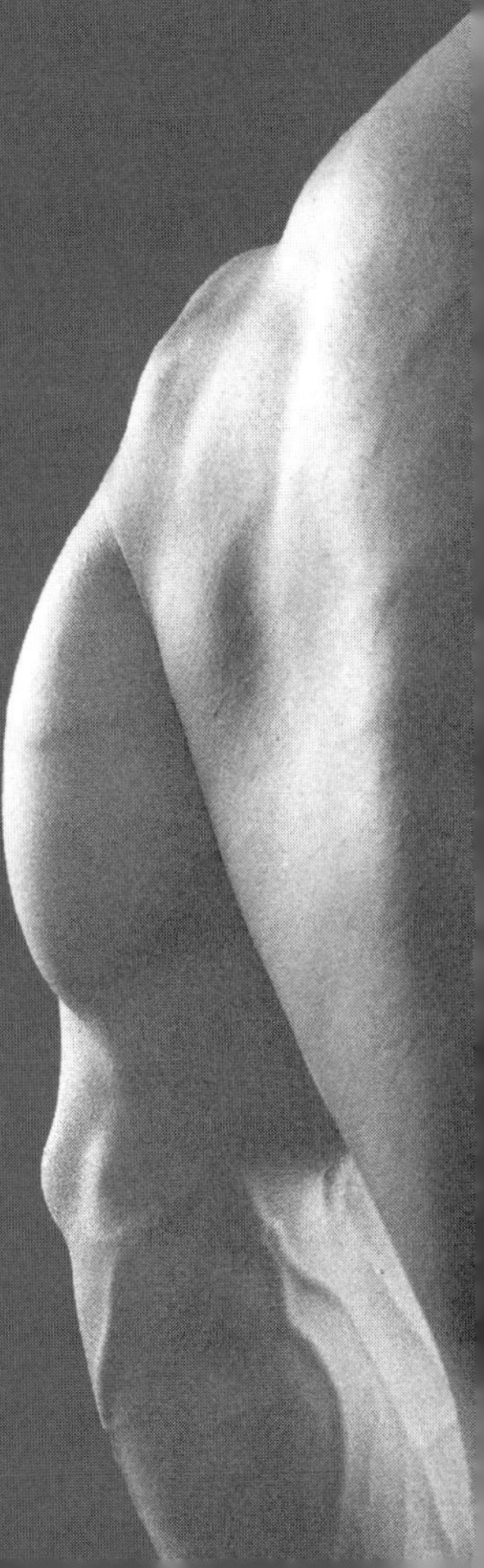

王者の軌跡

2014-2015 意志

・2014年「ベストフィジークジャパン2014」ミスターベストフィジーク 2位
・2015年「第2回オールジャパンメンズフィジーク」172㎝以下級 優勝
オーバーオール 3位

繰り返しになりますが、僕はボディビルに挑む前の2年間、別の競技であるフィジークの大会に出場していました。フィジークはボディビルほどの筋発達を求められるわけではありません。そのため初出場のときはキックボクシングの体のまま、興味本位で出場して2位だったというだけ。だから、大会に向けてちゃんと体をつくり始めたのは翌年オールジャパンと呼ばれる日本大会に出場するときが初めてです。

オールジャパンには「勝つため」にエントリーしたので、はじめから「勝てる体」を目指しました。

競技ではどんなところが審査で評価されるのか。動画や写真で確認して、その頃は肩の丸みと背中の広がりが重要視されていることがわかったので、その二つと胸と腹をメニューに組み込んで、腕と脚には時間を割かないことを決めました。

僕はトレーニングは好きだけど、愛好家ではありません。大会前に体を鍛える目的は、フィジーク競技で最強の地位を手に入れるため。だから「捨てパーツ」のような判断が出てくるのですが、トレーニーと呼ばれる愛好家の場合、全身バランスよく鍛えることがベースにあるから、僕のようなやり方は理解ができないらしいんです。

「腕もやったほうがいいよ」

「脚トレは基本だから、やらなきゃ」

ジムにいると毎日のように、声をかけられました。でも、僕は絶対にやらなかった。審査で評価されない部位に割く時間はないと思っていたからです。

今は時代が変わってフィジークも、より全身のバランスを見るようになりました。もしも今、チャレンジするとなったらどこも捨てません。つまりは、**何を目標としているかで何をするかが決まる**ってことなんです。

みんながやっているから？　なら、みんなと僕は目指すところが違う。

普通はやるでしょ？　普通のことをやっていたら、普通にしかならない。

どんなやり方だって、最後に1位になればすべてがひっくり返る。細かいことにとらわれていないで、自分が今、やるべきと思うことをやろうぜっていうスタンスでトレーニングを続けました。

王者の軌跡 2015–2016 這い上がり

・2015年「IFBB世界フィットネス選手権メンズフィジーク」日本代表(予選敗退)
・2016年「JBBF東京ボディビル選手権」予選敗退
・2016年「JBBF日本ジュニアボディビル選手権」優勝
・2016年「IFBB世界ジュニアボディビル選手権」2位

この時期は、フィジークからボディビルへの競技転向もあり、僕の肉体面だけでなく精神面を大きく成長させた一年となりました。

特にフィジークの世界選手権での惨敗、そして東京ボディビル選手権の予選敗退後からジュニアボディビル選手権への出場を決めて結果を出すまで。この時間を過ごせたことが、今の僕をつくっていると思っています。

第2章でも触れましたが、東京選手権で負けた後、ボディビルをやめようかと考えました。だけど、初めて本気になれるものに出合えたのに、せっかく自分に才能のカケラが見て取れたのに、たった1回の失敗、それも初めての失敗で諦めてしまうのか……と考えたら、やめたくないっていう気持ちが溢《あふ》れ出して止まらなかった。
こんなこと言ったって、ただダサいだけっていうのはわかっているけれど、心のなかでは「減量には失敗したけど、サイズは誰よりも大きかった」という気持ちもあった。ステージに姿を現した瞬間に、客席が「デカい！」とどよめいたのもわかっていた。しっかり絞り切って自分がもつ筋肥大のポテンシャルを最大限発揮した状態で、もう一回。もう一回だけでもいいから、挑戦したいと思い直したんです。

それに、**敗北をそのままにしておくなんて、絶対に嫌だ**と思った。
こういうとき、もしかしたら諦めることも大切なのかもしれない。かもしれないけど、僕は嫌だ。人生に負けた気がするから。

普通ならばイチから出直すという意味で来シーズンに持ち越すのかもしれないけど、失敗を来年に持ち越すなんて考えられなかった。すぐにでも取り返さないと気が済まないと思って、2ヶ月後に開催される23歳以下を対象としたジュニア部門の全国大会「JBBF日本ジュニアボディビル選手権」にエントリーしました。

2ヶ月でさらに10kg減量。簡単なことではないけれど、これでまた「絞れませんでした」じゃ話にならなすぎる。そんなことは自分が一番よくわかっていたから、もしもここで負けてしまったら、そのときは諦めようと決めて挑みました。

実は、ジュニア出場を決めたのには、もう一つ理由があります。

東京選手権で失敗をしたヤツがよく言うよ、と笑われるかもしれないけど、僕の目標はあくまで日本一です。

だから、年齢制限がなされた大会で勝てないようなら1～2年のうちにトップを獲るなど、到底無理な話となります。**自分にボディビルの実力が本当にあるのか、当日に力を発揮する技量があるのかを確認するため**にも出場をしていました。

結果、優勝。

王者への道のスタートラインにようやく立つことができました。

王者の軌跡 ２０１７ 加速

・２０１７年「ＪＢＢＦ日本クラス別ボディビル選手権」80kg以下級 優勝
・２０１７年「ＪＢＢＦ東京ボディビル選手権」優勝
・２０１７年「ＪＢＢＦ日本男子ボディビル選手権」６位

ボディビルで日本一になるためには「日本男子ボディビル選手権」に出場しなければいけません。希望すれば誰でも出場できるわけではなく、事前にクオリファイ＝出場資格を獲得する必要があります。

クオリファイを獲得するには、事前に日本選手権と同じく日本ボディビル・フィットネス連盟（通称、ＪＢＢＦ）が主催する大会で成績を残さなければなりません。

主催大会は全国各都市で夏前頃から秋口まで、エリアごとに開かれます。選手たちは連盟における所属や大会の規模や階級、例年の参加選手のレベルなどを考えてエントリーしていくのですが、初心者やキャリアの浅い人は「オープン」と名のつく出場制約のない大会に出場するのが通例というか、よくある流れだと言われています。でも、僕は当然そんなことは気にしない。デビューの時点で地方大会では最もレベルが高いとも言われている東京選手権からスタートしました。

2017年は、前年の雪辱を果たすという気持ちでいたので、自分のなかで東京選手権への出場は絶対でした。クオリファイのことだけを考えれば、東京を獲れば、それだけで十分です。ほかの大会にエントリーする必要はありません。

だけど、僕にとって東京選手権への再出場は「忘れ物を取りに行く」感覚でしかなかった。**勝って当たり前の大会。それは挑戦とは違うし、戦いとも違う。**だから、もう一つ「日本クラス別ボディビル選手権」への出場を決めました。

日本選手権は無差別級の日本一を決める大会で、クラス別は体重別の日本一を決める大会です。階級別で1位を獲れば、日本選手権での位置も自ずと見えてくる。出場する大会の数が増えるほど疲労が蓄積されることはわかっていたし、だったら一発で王者に近づける大会に出よう、と。そう考えたのもクラス別を選んだ理由の一つです。

ちなみに、東京も優勝すれば「ミスター東京」と称され、歴史に名を刻むとともにトップ選手認定を受けます。

その後も、出場しているのは日本選手権と世界大会だけなので、僕はボディビル競技歴において「タイトルマッチ」にしかエントリーしていないことになります。

それに対していろいろと言う人もいたのかもしれません。でも、まあ関係ないですよね。**自分は夢を叶えるために必要な挑戦をしているだけだし、基本的に目立ちたがりだから、どうせならほかの人とは違うルートをたどりたい**。

実際、両大会で優勝しているので、何が問題なのかよくわかりません。

何度か書いたように競技を転向するときから「1～2年で優勝する」と考えていました。ですから、そのとおりにいけば2年目となる2017年は「優勝する年」になるはずなのですが……。

僕は、何かに挑戦をするとき、不思議と結果を予想することができます。そして、その予想は大概外さないのですが、この年は何度やっても6～7位になる姿しか見えてきませんでした。そして、実際に日本選手権は6位入賞に終わりました。

もちろん、大会までのトレーニングも、ステージの上のポージングでも、常に優勝を目指して取り組みました。だけど、やっぱり6位だった。わかっていたはずなのに、自分より上に5人もいるという現実が悔しすぎて、泣いてしまいました。

このとき、優勝を目指しているのに入賞しか想像できなかったのは、たった2年でも経験を重ねて、自分をより客観視できるように成長していたからだと思います。それまでは燃えるような情熱だけで突っ走ってきたけど、冷静さを追加装備したというような感じ。

だから、6位という位置で悔しさに歯を食いしばりながらも、ここに至るまでの自分の成長スピードをかえりみて「ここからあと2~3年で、絶対にいける」という確信を得ました。

夢を叶える策として、ただガムシャラに突き進む！ だけでは、ちょっと乱暴すぎる。**今の自分をわかっていないのに「日本一になる」だなんて言っても、ホラ吹き野郎にしかなれない**から。

現実を見て、実力を理解して、受け入れる。目指すべき場所との距離をつかんでこそ、ようやく今するべき努力がわかる。あと、どれくらい頑張ればいいかがわかるんです。

一見すると遠回りのようにも思えることが、本当は最短ルートだったりする。実力を棚に上げてしまったら、たどり着けない領域があるってことに気がついた一年でした。

王者の軌跡 2018 失速

・2018年「JBBF日本男子ボディビル選手権」2位

日本一には届かなくても成長の実感は得ていたことから、2018年は前年の取り組みを踏襲するかたちで進めていきました。

トレーニングは変わらず常に全力を出し切っていたし、調子もよかった。体もどんどん変わっていたし、いけると思っていた。自分の力を信じていたんです。だけど結局、この年も「優勝」というハッキリとしたイメージをもつことができませんでした。最後の最後まで「1位か、2位か」とボンヤリしていたんです。

結果は、2位。負けて終わる、最悪の結末でした。

負けの要因なんて、努力不足以外にありません。**誰よりも勝る努力をしていたら、圧倒的な体をつくっていれば、そこに負けはないはず**です。

自分にできることの限界までやり切った自信はありました。だから確かに成長はしていたけれど、自分が思っていたほどの体にはなっていなかった。もっと短期間で筋肉量を増やさなければいけなかった。だから負けたんです。

足りないところに気づけなかったのは、自分の認識の甘さもあるけれど、日本一を決める日本選手権以外の大会に出場しなかったから、というのも一因です。全国各地の大会にゲストポーズを呼ばれてはいましたが、選手としては調整疲れを起こさないようタイトルマッチ級の大会にも、エントリーしていませんでした。

ボディビルは、積み上げてきたものしか出せないけれど、その上で最後はステージングですべてが決まるということ。勝負の場に立たなければ見えないものがたくさんあるということを、改めて知ることができました。

今だからこそ、冷静に振り返ることができますが、当時は完全なる敗北感に打ちひしがれていました。大会後2週間くらいはトレーニング中、自分の意思に反してボーッとしてしまったり、意図せず涙が溢れてしまうくらい悔しかった。

悔しすぎて記憶が曖昧《あいまい》なのですが、2位が決まったステージでも、バックステージでも泣いていたと思います。唯一覚えているのは、嬉し泣きと思われたのか、まわりから「おめでとう」と声をかけられたこと。負けたのに、なんでそんなことを言うのかが、まったく理解ができなかった。優しさ……だとしたら、それはなんのための優しさですか？

僕は、2位なんて目指していないのに。**優勝以外は、全部負け**なのに。

王者の軌跡 2019 成就

・2019年「JBBF日本男子ボディビル選手権」優勝

悔しさをバネにする、とよく言われますが、まさにこの年の僕は悔しい気持ちだけで動いていました。自分一人の力では夢にたどり着けないことがわかったから、何よりも先に「自分」に固執するのをやめました。

それまでの取り組みをすべて捨て、仕事も辞めて、武井さんの力を借りて、生活のすべてをボディビルに向けることにしたのです。

日本選手権という場においてもまわりとの価値観のズレや、勝負にかける気持ちの違いがあることもよくわかりました。だからきっと、僕がどれほど悔しい思いをしたのかも伝わっていない。そもそも、何に対して悔しいと思っているのかも……。

伝える必要があるかと聞かれたらないけれど、**自分とはまったく異なる価値観から生まれた想像に、僕の気持ちを勝手に当てはめられるのは勘弁**してほしい。

だからこそ、2019年は今まで以上に結果がすべてだと思ったんです。体が壊れたのならそれでもいい。もうトレーニングができなくなってもいい。

今、できるすべてをかけて圧倒的な体をつくって王座を獲りにいく——。

だけど、大会が近づくにつれて聞こえてきたのが「今年は誰がチャンピオンになるのか」という声。なぜかというと、2010年から9連覇を続けていた鈴木雅《まさし》さんの欠場が発表されたからです。

鈴木さんは、僕がボディビルに興味を抱くきっかけにもなった憧れの選手の一人であり、2018年の大会で僕が唯一負けた相手でもあります。まわりからは僕がついに連覇を止めるのかそれとも鈴木さんの牙城はまだ崩れないのか、に注目が集まっていることはわかっていました。

競技の楽しみ方は自由。なので、それをどうこう言うつもりはありません。

ただ、僕自身は**「ほかの出場選手に圧倒的な差をつけてぶっ倒す」という気持ちで臨んでいるから、相手が誰であろうと関係ない**んです。だから鈴木さんの欠場を受けて「誰がチャンピオンになるのか」という予想合戦が起きていることに、腹が立ってしょうがなかった。

でも、それはこれまでの戦いのなかで、誰もが「次は横川だ」と言いたくなるような体に仕上げられなかったからに過ぎません。だから「勝つのは、俺に決まってんだろ！」と誰に向けるでもなく、心のなかで一人叫びながら死に物狂いでトレーニングを続けました。

そして、つかんだ日本一の称号。

7名の審査員が満場一致で一位としたパーフェクトスコア。決勝審査に残った12名のなかで最も筋肉が発達している選手に贈られる「モストマスキュラー賞」、7つある規定ポーズによる比較審査のあとに行われる1分間のフリーポーズなどを通して最も美しく体を表現してみせた選手に贈られる「ベストアーティスティック賞」を同時受賞し、3冠を達成。

求め続けていた「圧倒的な差」をつけての優勝を成し遂げたんです。

優勝の瞬間、僕は競技を始めて初めて嬉しくて泣きました。

武井さんや母ちゃんへの感謝や、単純な喜びももちろんあったけど、何よりも先に沸《わ》き起こってきた「これでようやくあの苦しすぎるトレーニングから解放される！」という安心感で胸がいっぱいになったのが、実際のところです（笑）。

一度の躓きを
思い悩む必要なんかない。

同じ躓きを繰り返すのが、本当の意味での失敗だから

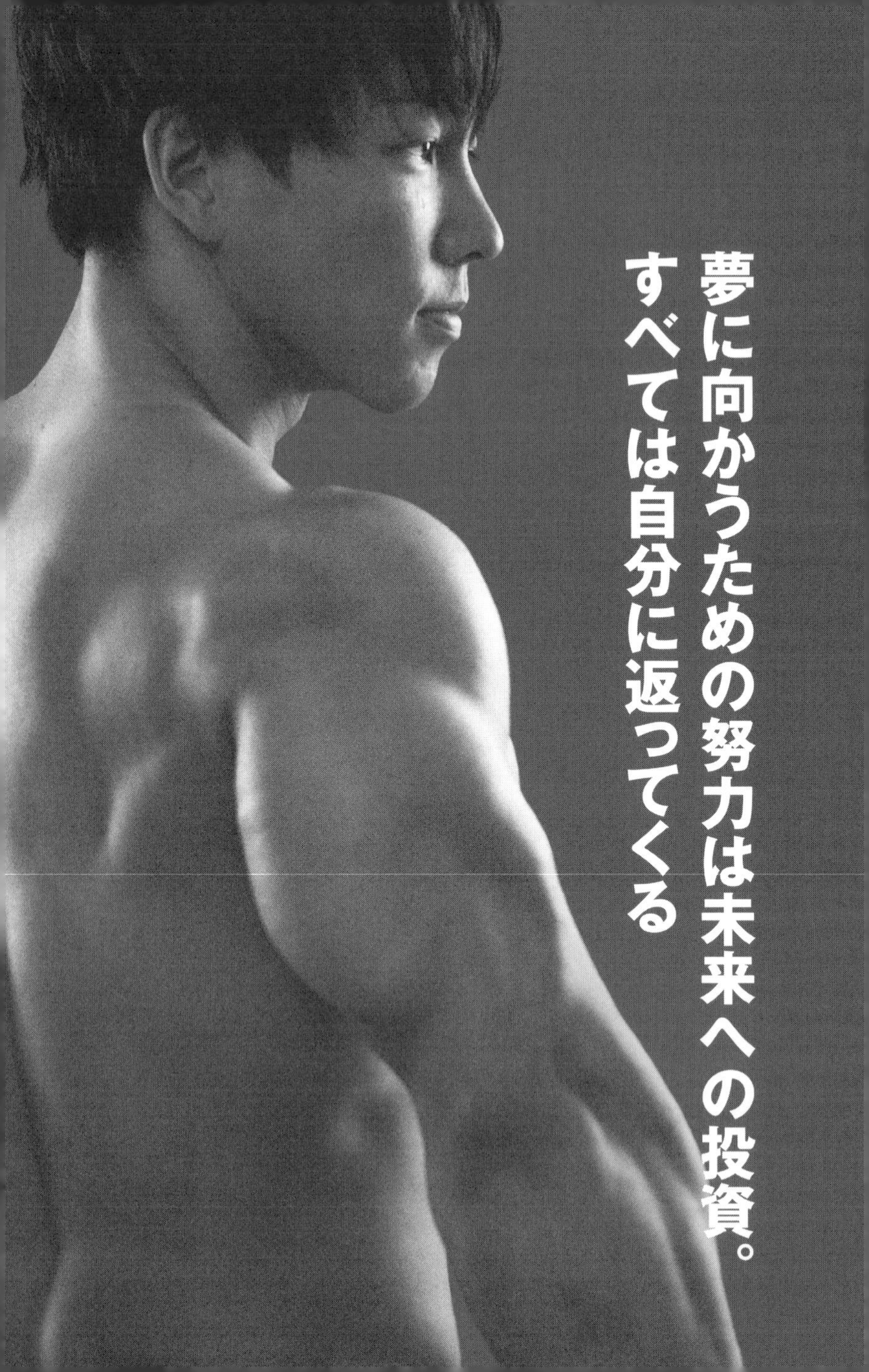

夢に向かうための努力は未来への投資。
すべては自分に返ってくる

第4章
王者のメンタル

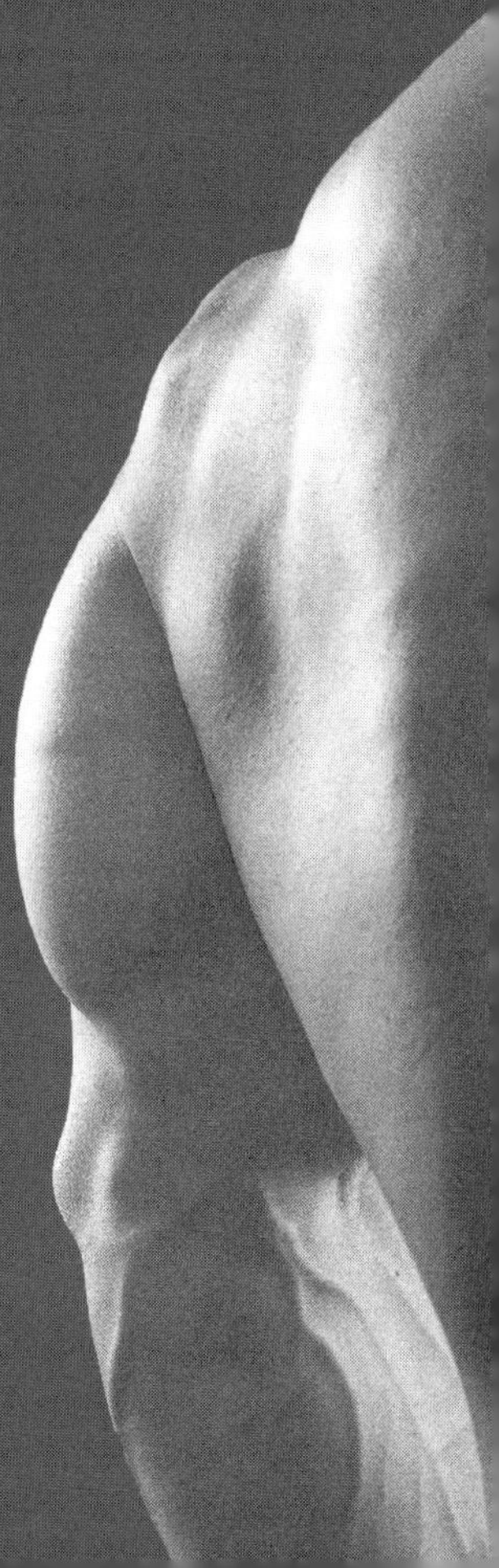

「憧れ」と「勝負」は別。越えるべき壁は、誰かではなく自分を卑下する心。

僕がチャンピオンになるまで、男子ボディビル界には鈴木雅さんが絶対王者として君臨していました。日本選手権の9連覇だけでなく、2016年には「アーノルド・クラシック・アマチュア・ボディビル選手権」と「世界ボディビル選手権」のそれぞれ80kg級で世界一に輝いた、すごい選手です。
大会に出始めて「日本一を目指す」と言うのを鼻で笑う人がいたのも、その背景に雅さんというあまりに大きな存在があったから、かもしれません。

僕にとっても、憧れの選手の一人です。初めて知ったボディビルダーも、ボディビル自体に興味をもったキッカケも、初めてセミナーに参加したのも、すべてが雅さん。尊敬しているし、大好きな選手だということは、今も昔も変わりません。

でも、いざ自分がトップ獲りを目指すとなったら話は別。

憧れていようが、尊敬していようが、関係ない。倒さなければ目標を達成できないのなら、自分の行く手を阻《はば》むものの一つ。それ以上でも、以下でもない。

ときどき「憧れの人を前にすると萎縮してしまう」「どこか遠慮してしまう」というようなことを聞くのですが、僕は、その感情にはまったく共感できません。

だって、憧れと勝負は別でしょう。

自分なんて到底及ばないって思っているってこと？　それとも、憧れている相手になら勝利を譲ることもできるってことですか？　いずれにしても全然、意味がわかりません。

「憧れる」って「あんなふうになりたいと思う」ってこと。つまり、憧れの人と対峙《たいじ》することは、なりたかった自分になれる絶好のチャンスなんです。同じ人間なんだから、倒せないわけはない。相手がすごい人だというならば、それよりもっとすごくなれるように、心から信じてもっとできることを探し続ければいいだけの話。

「自分なんて」と卑下している時点で勝てるわけがないってことに、どうか気づいてほしいです。競い合いの本質は、自分のベストを出すことにあります。だから相手が誰であっても何をしていてもどれだけ素晴らしく仕上がっていても関係ありません。

自分がうまくいけばいくほど誰かにとっては「悪役」になる。トップに立つって、そういうこと。

「1～2年後にチャンピオンになる」というような発言に対し、失笑するだけでなく「生意気だ」と、返されたこともありました。僕としては、ただ自分の夢を口にしただけ。でも、それをビッグマウスだととらえる人が一定数いたようです。

もはや存在自体が気に食わないのか、僕が会場入りしただけであからさまに煙《けむ》たがられたり、通りすがりに舌打ちをされることもありました。

このほかにも細かくいろいろと言われたり、されたりしていたのかもしれません。語尾が曖昧なのは、とにかく他人に興味がないから。それと、数年続いたハードすぎるトレーニング生活によって競技開始以降の記憶が消えかかっているからです。学生時代のことなら、よく覚えているんですけどね。
「生意気だ」の真意はわかりませんが、どこの世界にも世代や年齢、キャリア、上下関係、年功序列……といったことに強くこだわる人はいるんだと思います。

僕自身は、人と人という関係性において礼儀を欠くべきではないという考えです。だけど、ただの数字に踊らされるのは違うと思っています。

わかりやすいのは、年齢。ちょっと早く生まれたか、ちょっと遅く生まれたかの違いでしかありません。**年上でも尊敬できない振る舞いをする人だっているし、年下でも自分の知らない世界をたくさん知っていたり、すでに偉業を成し遂げている人だっている**わけです。

これは、主題を「キャリア」に変えても、同じことが言えると思います。

基本的に、よく知らない誰かから何を言われても、僕は何も思いません。思わないようにしている、ではなくて、本当にまったく気にならない。何かを思うことが、ないんです。

応援してくれる人が僕にはいるからその人たちのために頑張る。頭の中はそれだけで十分なんです。

キャリアを気にしないなどの話をすると、「周囲から生意気だと思われたり、嫌われるのが怖くない？」、「どうやったらその境地にいけるの？」と、聞かれることがあります。

一応書いておくと僕だって、人から嫌われるのは好きではないですよ。日常生活で恨まれるとか嫌ですし、できる限りハッピーに過ごしたい人間です。

だけど、夢とか目標に向かって進もうとするとき、自分がうまくいけばいくほど、誰かにとっては悪者になるんです。

特に、**僕が求めるトップの座というのは、全員を倒した上に成り立つもの**。後ろがなければ前はないし、下がなければ上もない。人は誰でも生きている限り、必ず誰かの想いを阻んでしまうもの。これぱっかりは、しょうがない。

「憧れ」の話でも、同じようなことをお伝えしていますが、夢への道に立ちはだかる存在は、それが誰であっても、まわりからああだこうだと言われても関係なく、倒さなければならない。

コレだと決めたもので、誰にも負けたくない。勝ちたいから、**どこかで遠慮して負けてしまうくらいなら悪く思われることなどどうってことない**、と僕は考えます。

すべてを欲しがることはしない。いつか必ず巡ってくるチャンスをつかみとるために。

筋肉を削ぎ落とさないために速く歩かないとか、1日あたり5回の食事をしているとか、食事は筋肉への餌やりだとか……。テレビ番組での僕の発言を受けて「すごく大変なんですね」「不自由に感じないんですか？」と言われることが、増えました。

大変ですね、と言われたら大変なのかもしれないし、不自由ですね、と言われたらそうなのかもしれないけど、僕はボディビルダーだから、ボディビルをする上でよりよいと思われる生活スタイルを選んでいるだけなんです。

ストレスが溜まらないんですか、というのも聞かれます。その都度、考えてはみるのですが、自分のことしか考えて生きていないし、大会に出場するときは競技のことしか考えていないし、家とジムの往復で一日が終わる。

ほかに何かしたいことがあるわけでもないから、ストレスの溜まりようがないんです。あるとしたら、お金に困っているときくらいですかね。


知らない人もいるかもしれないので改めて書いておくと、２０１９年ボディビルに集中するためにそれまでやっていたトレーナーの仕事を辞めました。それでも毎月のジム代や武井さんへのパーソナルトレーニング料、食費などの活動資金が必要なので、消費者金融から借金をして現在も返済中です。

確かに借金を抱えていることは、不自由です。貯金してからチャレンジすればいいものを……と言う人もいます。正論だと思います。**仕事を辞めてトレーニングだけをするなんてバカは、日本に僕しかいません**。

だけど、ボディビルは競技スポーツなんです。機は熟すし、チャンスはとっておけない。だから「来年また頑張ればいい」と、簡単には言えません。

話が少しズレました。とにかく、僕はすべてを割り切っているだけなんです。

21歳から本格的なトレーニングを始めて、そこからボディビルの世界に入って今に至ります。当時、まわりにはいわゆるキャンパスライフを謳歌《おうか》している友人もいました。実際に、僕が大学に入れるかどうかは別として、素直に「いいな～」と思ったこともあります。

だけど、日本で一番になるっていう人生を送るヤツなんて、そういないだろうから。そうなることを望んだ**僕の人生は、人から不器用だと言われて笑われたり、不自由だと言われて不憫《ふびん》に思われたりする「この道」しかなかった**なって思うんです。

コレというものを一つ定めたら、それだけに集中する。

毎日、夢の実現を思い描きながら全力で取り組み続けていれば、いつか必ず神様がチャンスを与えてくれる。ずっと、そんなふうに思っています。

その代わり、ちょっとでもよそ見をしたらチャンスは回ってこない。だから、すべては欲しがらない。チャンスが巡ってきたそのときに、確実につかみとるためだけに、毎日を生きているんです。

#「みんなと同じ」は、できないけれど少し未来の自分に向けた投資だから「みんなと違う」焦りはない。

ボディビル競技に取り組んでいると、友だち付き合いや恋愛などいわゆる普通の暮らしをするのが、難しいときがあります（難しくないときもあります）。先ほどの速く歩かないとか、1日5回に分けて食事をとるとか、食事内容に制限をつける必要があるとか、そういうことも含まれます。気になる人もいるかもしれないのでちょっと説明を入れておきます。食事回数を増やしてこまめに栄養摂取をするのは、筋肉へ継続的に栄養を送り込むためです。

空腹を感じるとき、体はエネルギー不足を起こしています。そのままにしておくと、体は自動的に筋肉を分解してエネルギーを作り出そうとするのです。歯を食いしばって少しずつ成長させてきた筋肉を簡単に壊されてしまってはたまりません。だから、3時間おきを目安に食事をしたり、間食としてプロテインサプリメントを摂取したりしているんです。

特に減量期は、この辺りをシビアに管理していく必要があります。大会前のコンディショニングに集中したいという気持ちもちろんありますが、それ以上に自分以外の誰かに理解を求めたり、無理に合わせてもらったりするのは申し訳ない。

なので、ボディビルダー全員がそうというわけではないけれど、友だち付き合いや恋愛といった基本的な生活にプラスアルファの部分は削る選択をとりがちです。

若い世代にとっては「みんなと同じ」ことが、大切な価値観だったりするかもしれないのでこんなことを言うと、競技に興味をもってもらいにくくなるかもしれませんが……。

みんなと同じことができない代わりに、みんなにはできないことをしている。僕は、そう思っていたから「みんなと違う」ことへの危機感や焦りのようなものを感じたことは、一度もありません。

「みんなと違う」ことに対して「大変」「不自由」と言う人たちは、僕がそれらを泣く泣く捨てていると思っているのかもしれません。捨てているといえば、そのとおりだけど「捨てる」という言葉の感覚とは、少し違うことを伝えたいです。

小さな頃、遊ぶ時間を勉強に費やす兄の姿から「何かを得るためには、何かを犠牲にする必要がある」ことを学んだと書きましたが、実際にボディビルを始めて、当時の兄の立場になってみるとよくわかります。

自分に必要な何かを捨てているわけでもないし、自分のなかの大切なものを犠牲にしているわけでもない。じゃあ、なんなのかというと、大きな夢の実現に向けて、少し未来の自分に向けて投資をしているだけ。

だからトレーニングも食事管理も減量も、借金返済はちょっと大変だけど、何も苦しくないんです。むしろ、ワクワクしてきます。

「自分はいろんなものを犠牲にしてきた」なんて苦労自慢をする大人もいますが、どうしてそんなにも苦しい物言いをするのだろう、と疑問に思います。

自己犠牲は美談にされがちだけど、本当にそうなんですかね。「犠牲」だなんて思うくらいならもっと違うもっとラクな道を探せばいいのにって、僕は思います。

目標達成に「段階」は要らない。てっぺんを目指して挑戦して初めててっぺんになるためのことができる。

勝つための方法論として、大きな夢を掲げてから小さな目標を段階的に設定するというやり方があることは、なんとなく知っています。だけど、僕にはそれが合わない。王者になると決めたら最初から王者を目指したい。その一点だけに、すべての力を注ぎたいんです。

振り返ってみれば、日本選手権に出場するためのクオリファイ獲得に向けて地方大会に出場するという段階は踏んでいますが、東京選手権のときも日本クラス別のときも「東京で1位になるために」「クラス別のトップに立つために」という気持ちは一切ありませんでした。

あくまで目標は、チャンピオン。「今年は出場できればいい」とか「来年は入賞を目指そう」とかは考えない。ましてや「自分の成長を感じられればそれでいい」とは絶対に思わない。自分の成長なんて、一人で鏡を見ていてもわかるから。

チャンピオンは、チャンピオンを目指したヤツだけがなれるんです。

幸い、僕は若くして自分のなかにボディビルの才能があることに気づくことができました。20代半ば。人生はまだまだ続く。これから先、生きていけばやりたいことがまた出てくると思った。

やりたいことが出てきたときに「もうこんな年だし」と二の足を踏むことなく、身軽に動き出せる自分でいたいという想いもあった。だから、まずはボディビルで最速で夢を叶える成功体験をしておきたかったんです。

時間は絶対に戻らないし、いくらお金を積んでも買えないものだから、今の自分の人生を、少しも無駄にしたくない。

てっぺんを獲りたいと思うなら、頂点だけ見て走ればいい。計画性がないと言う人もいるけれど、立てた筋道どおりにいくかはいってみなくちゃわからない。こだわりすぎて手段と目的が入れ替わってしまったら……それこそ無駄の極みです。

叶うか、叶わないかなんて考えない。誰にもわからないことを考える時間があるくらいなら、僕はトレーニングをする。

叶わない可能性が高くたっていいんです。だって、そのほうが頑張りがいがあるし、叶えたときの達成感は……想像しただけで、最高に気持ちがいいから。

うまくいかないときもすべては自分の責任と認めない限り上にはいけない。

自分は特別だと思い込んでいるイタ目のヤツなので、気がついたら常識からは外れた道ばかりを選んで、ここまで歩いてきました。おわかりのとおり、あえて選んだわけではありません。でも、それってどうしてなのかな〜と考えてみたら、一つの答えが見えてきました。

嫌なんですよ。**うまくいかないこととか失敗したことを、自分以外の何かのせいにするのが、嫌**なんです。

トレーニングの世界にも時代によって流行《はや》りがあって、いろいろな情報やさまざまなメソッドが現れては消えていきます。オーバーワークとかサプリメントの研究結果とか、細かく挙げればキリがないくらいあって、特にネットに精通している若い世代の選手たちは、そういうデータやエビデンスを気にする人が多い印象です。

研究を否定するつもりはありません。だけど、安易に従うつもりもありません。なぜって、僕が研究されたわけではないからです。

研究対象の体と、自分の体は別ものです。何百人を対象に調べたデータだとしても、そこに僕はいないから。自分の体は自分にしかわからないし、むしろ自分でもわからない部分がたくさんあるのだから、わざわざ既存の型にはめる必要がないというのが一つ。

もう一つは、例えばそれで研究結果として打ち出されているような成長が得られなかった場合に「あの情報は嘘だ」とか「データに従ったのに!」とか、愚痴や文句のようなものを垂れ流して、自分の失敗を何かのせいにするような大人になりたくない、というのもあります。

少し話は違うけれど、ライバルがいないとか他人に興味がないっていうのも本質的には同じです。

ライバルに関しては実際に同年代や同じくらいのキャリアの選手が身近にいないっていう背景もありますが、何度も書いているとおり、自分以外の選手に目を向けるっていう考え自体が僕に備わっていないんです。

成功も失敗も、結局は自分がどれだけやったかが問題なわけです。

研究がおかしいわけでもない。データが間違っているわけでもない。たまたまフィットしなかっただけかもしれないし、取り入れるタイミングが違っただけなのかもしれない。だけど、その方法を選んだのは自分。

負けたのは、相手が強かったからじゃない。自分の努力が足りなかっただけ。ただ自分が弱かっただけ。それ以外に理由はない。

常識や平均やデータやエビデンスといった枠に収まらないやり方は、自由で魅力的に映るかもしれないけれど、誰のせいにも何かのせいにもできません。

すべては自分に返ってくる。リスクを背負ってでも、みんながやらないことをやる人だけが飛び抜けた存在になれる。勝負の世界は、そういうものだと思っています。

「モチベーション」は外部に求めない。内側から沸き起こる衝動をセルフ対話で引き出す。

「モチベーションをどのように維持しているのか」とか「やる気を高めるためにしていることは」って聞かれることも多いのですが、そもそも**モチベーションが下がる意味がわからないから、考えたこともない**んです。

体調が悪いときは仕方がないけれど、自分がやると決めた挑戦に対してやる気が出ないって、一体どういうことなんでしょうか。

気持ちが高まりまくった日のパワー数値が100だとする。反対に、やる気迷子の日のパワー数値が70くらいだとします。70の状態でトレーニングをしても自己ベストから30も値が低いトレーニング成果しか得られないわけです。というか、それ以下になる可能性もある。それって、何かいいことがあるんですか？

いいことなんてなんにもないと気づいたら「モチベーションが〜」と言いだす時間が、まず無駄に思えませんか。僕はせっかちだから、目標に向かう日々のなかを一日たりとも無駄にしたくない。常に前進していたいし、立ち止まっている時間が勿体ないと感じる。だから、どんなときでも夢に向かって今するべきことをするだけ、なんです。

それでもやる気を維持する方法を僕なりに導き出すとしたら、モチベーションを外部刺激に求めないこと。

憧れている選手の動画を見るとか、ライバル選手がいるなら頑張りを目の当たりにするとか、なんらかの方法で気持ちをガッ！と興奮させることは、簡単にできます。

でも、**瞬時に燃え上がるような気持ちは秒で冷める**。なぜかというと、外から刺激を与えられて上がったモチベーションだからです。でも、自分発のやる気は、心に根付いているから簡単には冷めません。

僕の火種は自分への反省やムカつきや、怒りです。「もっとやれるだろう」「まだ粘れたはず」「本当にあれが限界なのか？」「一度した失敗は、もう二度と繰り返さない」と自分自身に問いかけて、対話し続けるんです。


トレーニング中の一つ一つの動作や筋肉への意識、呼吸など些細《ささい》なことに関しても、そのように問いかけて集中力を高めることがありますが、ときには大きなダメージを残した敗北の記憶を引っ張り出して「次こそは絶対に勝つ」「そのために今日もすべてをやり切る」と、自分を細胞レベルで奮い立たせることもあります。

セルフ対話は、僕がずっとしてきたことの一つです。モチベーション維持のため、という特別な意識はありませんでしたが、無意識のうちにやる気をコントロールしていたのだと思います。

どう問いかけたらいいか、よくわからなかったら初心を思い返してみるといいと思います。あの頃の気持ちを変わらずもっているか。目指すところに向かって、ちゃんと進んでいるか。それから、トレーニングを振り返って反省をするのもいいと思います。

もっと粘れたんじゃないか。

明日はもう1レップいってみようか。

対話していくうちに、最初の頃の想いを思い出し、最終的な夢がよりクリアになってくるのを感じるはず。そうしたらきっと「止まっている場合じゃない」「動かないと」という気持ちが、自然に沸き起こってくるはずです。

どうせ自分なんて……なんて、思う必要はないと思う。なりたい姿があるのなら「絶対なれる」「絶対になる」って、まずは自分で自分を信じてあげて欲しいです。そこからすべては始まると思うから。

日本一は、すべての始まり。たどり着いた先に、新しい世界が待っていた。

母ちゃんに恩返しがしたい。自分にできることは体を鍛えることしかない。じゃあ、トレーニングで日本一を目指そう。それだけでここまで突っ走ってきました。トレーナーを辞めて、貯金が底をついて、借金をして、返済に追われながら、いつ体が壊れてもおかしくないレベルのトレーニングを毎日する。もしも成功しなかったら、人生終了コースです。だけど、不思議とどのシーンにおいても決断するのに迷いはありませんでした。

普段、**洋服を一着買うにも悩みまくる僕が決断力を発揮できたのは、成功すること**

しか考えていなかったからです。

「ボディビル日本一」は人生で初めての夢であり、明確な目標でした。初めてのことだから将来への確信なんて1ミリもなかったけれど、自分の成長スピードを考えたら毎日トレーニングだけの生活にすれば絶対に勝てると思ったし、優勝さえすればその先の道は自然にひらけるものだと信じていました。

もともとそんなふうに考えて取り組んでいたところに、今、お世話になっている事務所に所属する流れがやってきました。余計に「次に」つなげられるんじゃないかと、さらに気を引き締めて臨んだのを覚えています。

ボディビル競技を始めて4年間、ひたすら優勝だけを見つめてきました。

さすがに達成直後は「家でゆっくりしたい」という気持ちになりましたが、燃え尽きるようなことはなく、2日後にはもうジムへ。強度を通常モードに戻したトレーニングを楽しんでいると、フッと次なる目標が浮かんできたのです。

そのとき、日本一はゴールではなく始まりだったと確信しました。やはり、**信じたとおり成功体験はネクストを運んでくれました**。

もしかしたら、これも神様がくれたチャンスの一つなのかもしれません。そうだとしたら、余計に頑張ってよかったなと改めて思います。

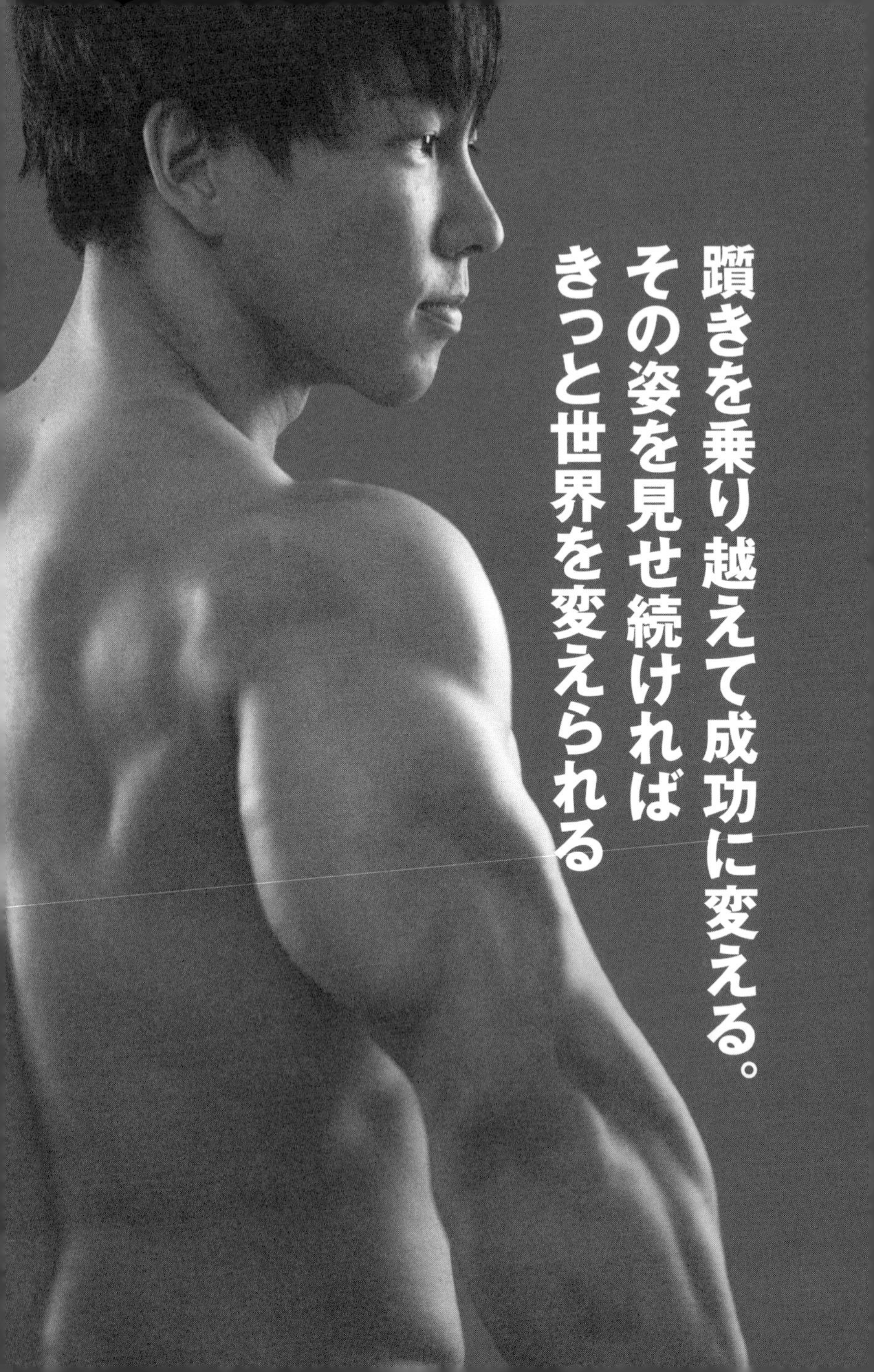
躓きを乗り越えて成功に変える。
その姿を見せ続ければ
きっと世界を変えられる

第5章

王者の使命

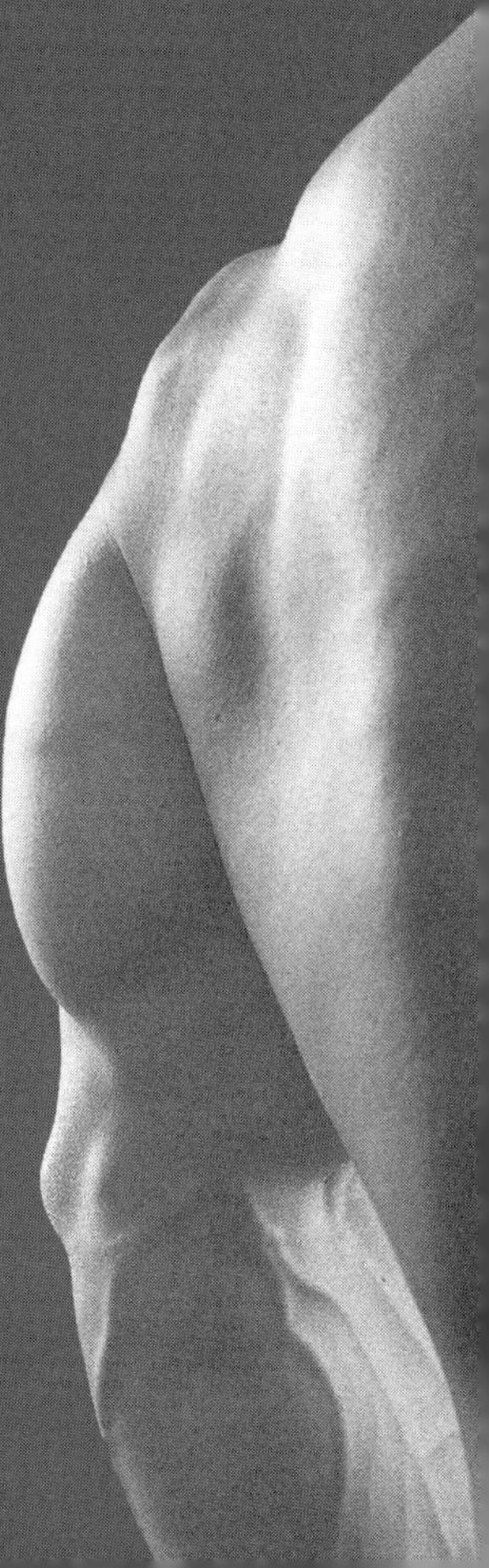

逆境スタートだからこそ伝えられること。今ある幸せに、目を向けてほしい。

自分が育った環境についても触れましたが、特別恵まれていたわけではありません。金銭的な面でいえば、むしろ貧しかった。人から言わせれば「逆境」と呼ばれるような環境だったと思います。

大人になってからまともに働かなかったのは自分の責任だけど、お金がなくてサプリが飲めないときもあったし、ジムの月謝だって支払うのが難しいときがあったことも事実です。

でも、**どんなときも生きていればなんとかなると思っていたし、いつかの日すべてをひっくり返せると信じてきた**。

どうしてそう思えたのか。考えてみたら、貧しくても苦しくても、常に心が満たされていたことに気がつきました。

幸せのハードルが低いから僕はどんなときでも、基本的に幸せなんです。たぶん、僕がいつでも全力で頑張ることができるのも、謎の自信に満ちているのもこのおかげなんじゃないかと思っています。

住む家がある。毎日ごはんを食べることができて、夜ゆっくり眠りにつくことができる。今の世の中、みんながそれぞれたくさんのことを求めがちだけど、これって実はすごいことだと思うんです。

衣食住が安定しているって、当たり前のことのように思うかもしれないけど、実はいろいろなところでたくさんの人に支えられている証拠だと思う。それだけで、もう十分に幸せなことじゃないですか？

幸せで満ちていると、目標達成に向けたハングリーさが減ると考える人もいるみたいだけど、僕的にそれとこれとは別。切り離して考えていいことだと思います。実際、

僕は根底の部分が幸せで満ちていたからこそ、日本一になるために頑張れたと思っていますから。

夢を追い求めることの素晴らしさや大切さを伝えていくのもそうだけど、その前に、大前提として今、この瞬間の自分も、すでに十分に満ち足りているってこと。

もう既にもっている幸せに目を向けるよう促すことも、僕にできることなのかもしれないと思ったりしています。

「ボディビル」「フィットネス」を世間に届けるのがこれからの僕の役目。

知らない人もいるかもしれませんが、僕はプロのボディビルダーです。

2019年に日本選手権で優勝したとき、IFBBという国際ボディビル・フィットネス連盟のアマチュアリーグにおけるプロ資格を手に入れました。そして2020年2月に手続きを踏んで、正式にプロ選手（IFBBエリートプロ）になりました。

今は大会に出場しているわけではないので、タレント活動がメインです。一応、プロに転向したときに大会スケジュールくらいは把握しようとホームページをチェックしましたが、全面的に英語で何も理解ができなかったので、ひとまず諦めました。

武井さんからは離れましたが、自分一人でもトレーニングは変わらずハードに追い込んでいるし、仕上がりも上々。去年より確実に成長しているので、明日にでも大会に出られるくらいの状態をキープしています。

大会に出ないのに、どうしてそこまで？　と聞かれれば、僕はあくまでボディビルダーだから。今の主軸はテレビ番組などに出演するタレント活動だと言っても、皆さんがおもしろがってくれるのは、やっぱり僕が現役のプロ選手だからです。

きちんとした衣装が用意されていることのほうが少ないですし、あったとしてもほとんどがタンクトップ。場合によっては、ほぼ裸にマイクだったりするわけで。つまり、**筋肉以上に僕を輝かせる服はない**ということ。なので、大会出場という本来のかたちではないにしろ、コンディションキープは絶対条件となります。

たくさんのご縁があってメディアに出演させていただき、そして広い世代に愛され続けるテレビというツールのもつ影響力を改めて実感しているところです。

街で声をかけられる頻度は当然ながら出演前とは比じゃないし、２０１９年はテレビを通じて応援してくださる方がたくさんボディビルの会場に足を運んでくださいました。

若い世代のテレビ離れが進んでいると言われていますが、決まった時間にテレビの前にいて見るということはなくても、後から録画やネット配信で見る層も多い。話題によってはSNSなどでものすごいスピード感で拡散される。そう考えると、YouTubeなど若者メインのコンテンツに絞って活動するよりも、今の僕にはテレビという場所での活動が必要なんだと思います。

小さな頃から目立つのは好きだったけど、僕が今、テレビでの活動が必要だと思うのはただ有名になりたいからではありません。**ボディビルも含めた「フィットネス」という一つのライフスタイルの在り方を、もっとたくさんの人に届けたい**という目的があるからです。

なんて言っても、バラエティ番組での言動からは、こんなにも真面目なことを考えているとは思えない！と言われてしまうかもしれません。

アレはアレで真剣に取り組んだ結果だし、ありのままの僕の姿をさらけ出しているだけなので普通に見て、笑ってもらえればそれでいいんです。

一方で、業界内からはいろいろな声が上がっていることくらい、僕もよくわかっています。でも、でもですよ。フィットネスにしろボディビルにしろ、ただ「素晴らしいですよ」「楽しいですよ」「やってみませんか」と言ったところで広まるでしょうか。

筋肉界隈《かいわい》にいる人たちは、ハードなトレーニングで筋肉を追い込むことも、たくさんのマニアックな知識を駆使して摂生していることも、すべては美徳であり、そんな自分をストイックでカッコいいと思い込みがちです。

しかし一歩外に出てみると、ボディビルのイメージは土気色。地に這いつくばるようなストイックさは「不自由で孤独」だし、カッコいいは「暗くて怖い」と思われている。華やかさのカケラもなくて、まるで魔法が解けたような感覚を味わうんです。

一般の人の目にボディビルがどう映るのか。フィットネスに対してどんな壁を感じているのか。そこにあるギャップを、僕はたくさん肌で感じてきたからこそ誤解を解きたいと思ったし、もっと世間との距離を縮めたいと思った。

今の世の中で、それができるのは自分だけ。**日本王者となった今、プロ選手として人前に立てる今だからこそ、強く発信できるのだと気づいて、まずはたくさんの人の興味の対象になれるように、活動しているのです。**

未来を担う世代から興味関心を引き出すためには華やかさが必要。

今、バラエティ番組などでは天然な感じになっていますが、テレビに映し出されている姿は完全に素。僕が、純粋に楽しんでいる姿です。**フィットネスを広めることは目的の一つだけど、それだけのために活動しているわけではない**ので、演じることはできません。

ボディビル競技がそうであったように、僕は自分が楽しいと思えないことは続けることができません。タレント活動も、純粋に楽しいからやりたいと思っているし、実際に自分が全力で楽しんでいるからあんな感じになっちゃうんです。

でも、少しでも多くの人に興味関心をもっていただくことが僕の求めることだから、やっぱりここでも誰に何を言われようと気にしません。

じゃあ、興味関心の先に何を期待しているのかというと、まずはフィットネスの壁をなくすこと。それから、未来を担う世代からのコンテストへの参戦です。

僕の新たな夢。それは、ボディビルやフィジークといったフィットネスのコンテストを主催すること。開催するときにはどの団体も利用可能な、豪華かつスタイリッシュな常設会場をつくり上げるところから、と考えています。

プロ野球なら東京ドーム、サッカーなら国立競技場、ラグビーなら秩父宮、テニスなら有明コロシアム、柔道なら日本武道館。あらゆるメジャースポーツに、この競技ならこの会場という場所があります。

ボディビルは競技としての歴史はあるし競技人口も少なくはない。でも、マイナーなスポーツです。マイナーというよりニッチと言ったほうがいいのかもしれません。

それはやっぱり不自由で孤独で、暗くて怖い修行僧のようなイメージがあったり、さまざまな誤解があるからだと思うんです。だけど実際は、体という見た目の美しさを競う究極の世界。だからこそステージの雰囲気や照明の入れ方、音響など空間演出からこだわるべきだし、それを実現させたいんです。

人からの印象を変えるって、なかなかに難しいことだと思います。でも**難しいからこそ、僕がやる意味がある**。新たな夢への第一歩が、今なんです。

国内トップのプロ選手が、一般層からスポットライトを浴びている。その華やかさこそが、求心力になると思うから。修行僧ではダメなんです。

大会の優勝者にはプロテインではなくてしっかり賞金を出したいし、僕みたいに借金をしなくても競技に打ち込めるような環境も整備していきたい。

何十年後になるかわからないけど、大会主催だけでなく会場も必ずつくります。そしてエントランスには僕の銅像を建てる。これは、絶対です。

文句や愚痴をこぼしたところで世界は変わらない。見たい景色は、この手でつくる。

コンテストの常設会場をつくるなんてことを書いたら、きっとまた笑われるんだと思います。

でも、いいんです。**笑われるってことは、僕がまた、これまで誰もやろうとしてこなかったことに挑戦をし始めているってこと**だから。

笑いたい人は、笑えばいい。大丈夫。最後に笑っているのは、僕だから。

学校でも会社でも自治体でも、所属するコミュニティに対して「思うこと」はみんなあると思います。だからどこでも数人集まれば、何らかの文句や愚痴が自然に出てきます。

だけど忘れないでほしいのは、文句や愚痴をこぼしたところで世界は何も変わらないってこと。あと、**世界を変えるのに年齢もキャリアも関係ない**ってこと。

親切心だとは思うのですが、求めていないのに「いつまでもそれじゃ体がもたないよ」とか「若いからできるんだ」などアドバイスをいただくことがあります。参考にすることもありますが、基本的に僕は気にしないようにしています。

目指すところが違う。もっている体も違う。考えも違う。反応も違う。想いの深さも全然違う。人と自分は、すべてが違うんです。**たとえその人が言う想定どおりの未来が待っていたとしても、今やるべきことに変わりはない**。

ここまで読んでくださった皆さんならば、薄々気づいているかと思いますが、基本的に僕はここまで根性論でやってきました。計画性なんてないし、王者のメソッドみたいな特別なものもありません。

見たい景色を追い求め続けること。努力は人の何倍もすること。やることを欠かさないこと。成功するまで、諦めないこと。そうしてようやく世界が変わる。

僕はそうして、これからもボディビルをとりまく世界を変えていくつもりです。

今、特に叶えたい夢がない人にとっては、重苦しく感じる言葉でしかないかもしれないけど、いつか絶対に実現させたいことを見つけたときに、思い出してくれると嬉しいです。

夢を叶えるまでの道ほど生きていることを実感できるものはない。

夢がない。そうこぼす人が、現実にはたくさんいます。

でも、焦る必要はないと思います。慌てて見つけるものでもないし、誰かに急《せ》かされて見つかるものでもありません。

2014年、興味本位でフィジーク競技に挑戦したときまで僕にも夢がなかったから。だけど、いつかは見つかるはず。自分の胸の奥底から、湧き上がるようなワクワクとした気持ちが――。見つからないとダメというわけではないし、元・夢なし野郎から言わせると、夢なんてなくたって楽しく生きていくことはできます。

だけど、**夢を叶えるまでの道ほど生きていることを実感できるものはない**。それが最高に心地いいから、夢を叶えることについて伝えることも、これからの僕の使命だと思うんです。

生きるって、いろんなことを感じること。夢に向かう途中では嬉しいことも悲しいことも、辛いことも悔しいことも、不安に押し潰されそうになることもあります。感情がデコボコすぎて、時間がなかなか流れていかないから果てしない距離を歩き続けているような感じがする。でも、実際は少しずつ前に進んでいる。そのときの**感覚を言葉にするとしたら「楽しい」でも、夢のない状態での「楽しい」とはまったくの別モノ**なんです。

何が違うのかというと、そこに挑戦があるかないかだと思う。

挑戦しているからドキドキするし、ワクワクもするし、その先で失敗もする。失敗から立ち上がるから、自分がもう一つ上に成長することができる。

ブレないための工夫は、いつも初心を忘れないこと。歩みの途中で疲れたら……。

そうだなあ、僕はベッドでただボーッとして頭と心を空っぽにして、自然と目が覚めるまでしっかりと寝ます。疲れたのなら、シンプルに休めばいい。そこで無駄に思い悩む必要なんてありません。

人間、寝れば割と回復するものです。寝て、目が覚めて、体を起こして、一歩を踏み出して、失敗や負けや挫折を回収しにいく。その繰り返しです。

人がどうして生まれて、なんのために生きているかなんて、壮大すぎて僕にはまだわかりません。だけど、夢を追いかけて叶えようとすることが生きることなんだって、今は思います。

だからきっと、これからも僕はずっと夢をもって生き続けるんだと思います。

反省はするけど、
後悔はしない。

だから、これまでの人生
一つも無駄じゃない

人は誰でも、
生きているだけで
誰かの人生を阻んでいる。
うまくいけばいくほど、
悪者にもなる。

でも、
だからって遠慮するのか？
トップに立つって、
自分以外の全員を倒すこと

ボディビル日本チャンピオンになるため取り組んだ

王者のトレーニングメニュー

各5セットずつ。自分の限界がきたところで、トレーナーの補助でプラス5レップ行う

月曜日　胸と肩

・インクラインベンチプレス　2～4レップ
・インクラインダンベルフライ　2～4レップ
・ケーブルクロスオーバー　10レップ
・サイドレイズ　20レップ
・リアデルトマシン　20レップ
・インクラインダンベルプレス　2～4レップ
・スミスマシンインクラインプレス　6～10レップ
・バーベルフロントショルダープレス　2～4レップ
・アップライトロウイング　20レップ

火曜日　脚前

・ハックスクワット　1～4レップ
・レッグプレスマシン　8レップ
・バックエクステンション　15レップ
・アブダクション　8レップ
・バーベルスクワット　1～4レップ
・レッグエクステンション　6レップ
・アブダクター　8レップ
・スタンディングカーフレイズ　10レップ

水曜日　肩

・バーベルバックプレス　1～4レップ
・サイドレイズ　12レップ
・ライイングリアレイズ　10レップ
・リアデルトマシン　20レップ
・ベンチプレス　1～4レップ
・アップライトロウイング　6レップ
・ダンベルリアレイズ　8～10レップ

木曜日

背中

・ベントオーバーロウイング　6〜10レップ
・ワンハンドロウイング　10〜15レップ
・ビハインドネックチンニング　3〜8レップ
・フロントラットプルダウン　6〜10レップ
・ケーブルプルオーバー　6〜10レップ
・デッドリフト　1〜4レップ
・フロントチンニング　3〜8レップ
・ラットプルマシン　6〜10レップ
・ビハインドネックラットプルダウン　6〜10レップ

金曜日

腕と僧帽

・EZバーフレンチプレス　1〜6レップ
・ケーブルフレンチプレス　6〜10レップ
・ワンハンドダンベルカール　1〜10レップ
・インクラインカール　3〜6レップ
・ダンベルシュラッグ　20レップ
・プレスダウン　3〜5レップ
・キックバック　20レップ
・ワンハンドプリーチャーカール　3〜6レップ
・マシンカール　3〜6レップ
・バーベルシュラッグ　20レップ

土曜日

臀部とハムストリングス

・ライイングダンベルレッグカール　3〜6レップ
・ワンレッグカール　3〜6レップ
・バーベルスティフレッグドデッドリフト　2〜4レップ
・バックエクステンション　15レップ
・アブダクション　6〜8レップ
・シーティッドレッグカール　3〜6レップ
・ダンベルスティフレッグドデッドリフト　6〜8レップ
・アブダクター　20レップ
・スクワット　10レップ
・スタンディングカーフレイズ　10レップ

おわりに

僕はここ数年の間、ボディビルで日本一になることだけを考えて生きてきました。最後まで読んでくださった皆さんなら、もうわかってるよって感じですよね。筋肉以外にとりえのない僕だけど、日本一という夢を叶えさえすれば、その先の未来が絶対にひらけると信じていました。そして、王者を目指す過程で芸能というお仕事にも出合い、機会に恵まれて今に至ります。

おかげで、普通にジムでトレーニングをしているだけでは絶対に会えなかったたくさんの人たちに会うことができました。それは、有名な人とかそういうことではなくて、今この本を読んでくださっている皆さんのことです。

本のなかで、今の僕の夢の一つを書きました。公言したのは、初めてです。とても大きな夢だと思うし、実現するためには、業界全体にうねりを起こすための大きな力が必要で、僕一人では達成できないことだというのはわかっています。だけど、こうして本の出版というチャンスをいただき、たくさんの方に直接、僕の想いを伝えることができました。これは、かなり大きな一歩になると思っています。

メディアでの活動が増えるにつれ、SNSに「トレーニングを始めました」「自分も頑張ろうって思えました」とメッセージやコメントをくださる方が増えました。夢をもって一生懸命に取り組んでいれば絶対に「いいこと」が待っていると思っていたけれど、それは本当だったなって。毎日、皆さんの応援に支えられています。

最後に、ファンの皆さんに、お世話になっている事務所や関係者の皆さんに、書籍制作に関わってくださった皆さんに、それから、ずっと見守ってくれている母ちゃんに、改めて……心から、ありがとう。

横川尚隆

撮影　野口 博
撮影協力　ゴールドジム サウス東京アネックス
ヘアメイク　山田季紗（ｓｕｐｅｒｂｌｙ株式会社）
ブックデザイン　鈴木成一デザイン室
本文ＤＴＰ　アーティザンカンパニー
マネジメント　鎌田直子（株式会社ＷＡＬＫ）
編集協力　鈴木彩乃
取材協力　有限会社ライトハウス
校正　麦秋アートセンター
編集　宮原大樹

横川尚隆

プロボディビルダー。1994年7月10日生まれ。漫画の登場人物に憧れてトレーニングを開始。16年にボディビルデビュー。キャリアこそがものをいう、という考えが強いボディビル界に風穴をあける活躍を見せ、脚光を浴びる。19年に国内トップを決める「JBBF日本男子ボディビル選手権」で優勝したのち、プロ転向。爽やかなルックスからは想像できないほどのキレッキレの肉体と、天然すぎるキャラクターとのギャップが人気を呼び、さまざまなメディアで活躍中。

王者《おうじゃ》の突破力《とっぱりょく》

2020年11月26日　初版発行

著者／横川《よこかわ》 尚隆《なおたか》

発行者／青柳 昌行

発行／株式会社KADOKAWA
〒102-8177　東京都千代田区富士見2-13-3
電話　0570-002-301(ナビダイヤル)

印刷所／大日本印刷株式会社

●お問い合わせ
https://www.kadokawa.co.jp/（「お問い合わせ」へお進みください）
※内容によっては、お答えできない場合があります。
※サポートは日本国内のみとさせていただきます。
※Japanese text only

定価はカバーに表示してあります。

ISBN 978-4-04-896887-4　C0030